全面发展的

# 短板效应

赵佳◎编著

SHORT
BOARD
OF
ALL-ROUND
DEVELOPMENT

山西出版集团
山西教育出版社

## 图书在版编目(CIP)数据

全面发展的短板效应/赵佳 编著.—太原:山西教育出版社,2010.3

ISBN 978-7-5440-4326-7

Ⅰ.①全… Ⅱ.①赵… Ⅲ.①管理学—通俗读物 Ⅳ.①C93-49

中国版本图书馆 CIP 数据核字(2010)第 004683 号

出 版 人:荆作栋

责任编辑:杨　文

选题策划:刘　峰

特约编辑:陈俞倩

复　　审:李　飞

终　　审:刘立平

视觉创意:弘文馆·马顾本

设　　计:新兴工作室

印装监制:贾永胜

出版发行:山西出版集团·山西教育出版社

　　　　　(电话:0351-4729801)　邮编:030002

印　　刷:三河市华业印装厂

印　　次:2010 年 3 月第 1 版　2010 年 3 月第 1 次印刷

开　　本:880×1230　1/32

印　　张:6

字　　数:115 千字

印　　数:1-10000 册

书　　号:ISBN 978-7-5440-4326-7

定　　价:23.80 元

# 前言

不管是企业还是个人，不管你有没有意识到，都在不同程度上存在着缺点和不足。任何一个区域都有"最短的木板"，它有可能是某个人，或是某个行业，或是某件事。

对自己的这些缺点和不足，有些人从没察觉到，有些人虽然有所察觉，却听之任之，于是，他们永远只能在原地踏步或每况愈下。

不管是个人还是组织，要保持充沛的竞争力，不能单靠在某一方面的超群和突出之处，而是要看整体的状况和实力，看它是否存在某些突出的薄弱环节。劣势决定优势，劣势决定生死，这是市场竞争的残酷法则。

在中国进入市场经济的最初阶段，市场还不健全，竞争对手也都非常弱小，不少企业借助某一个环节的运作特色，攻城略地，不断取得骄人的战绩，这就使得不少企业和企业经营者产生一种错觉，认为某一环节的优势可以控制整个企业的命运。

但在日益开放的今天，企业和个人的任何弱点都会导致自己在国际化竞争中被打败，被淘汰。可以说，社会越开放，我们面对的竞争对手越多，实力越强，越需要我们弥补弱点，加长"短板"。

于是，这很容易让人想到管理学界知名的木桶定律：一只沿口不齐的木桶，盛水的多少，不在于木桶上最长的那块木板，而在于最短的那块木板。要想提高水桶的整体容量，不是去加长最长的那块木板，而是要下功夫依次补齐最短的木板；此外，一只木桶能够装多少水，不仅取决于每一块木板的长度，还取决于木板间的结合是否紧密。如果木板间存在缝隙，或者缝隙很大，同样无法装满水，甚至一滴水都装不进去。

但仅理解木桶定律并不足以使我们真正弥补企业和个人的弱点和缺陷。我们不仅要理解木桶定律，更要了解木桶定律产生的根源；不仅要认识到短板的危害，更要知道如何寻找短板、补短和除短；不仅需要加长木桶中的短木板，更需要注意木板间的结合是否紧密。

引申到企业管理中来，我们不仅需要弥补企业的短板（它可能是企业的资金、技术、人才、产品、营销、管理，也有可能是企业的某个环节或个人），更需要加强企业文化的黏合力，进行团队建设。

本书可以说是企业和个人对付弱点和不足的良药。有了它，不管是企业或个人，都不会再害怕弱点，都将在原有基础上获得实质性的超越。

# 目录

## Part 3 | 原因和延伸

## Part 4 | 找短

## Part 1
# 问题的提出

　　如果我们把企业看成一只木桶，而把企业经营所需要的各种资源与要素比喻成组成木桶的每一块木板，比如资金、技术、人才、产品、营销、管理等等，那么一个企业取得业绩的大小，就取决于企业资源中最短缺的资源和要素。

# 企业：一只不断扩容的木桶

对于企业的发展，有一个非常恰当的比喻——"木桶定律"：一只木桶盛水的多少，并不取决于桶壁上最长的那块木板，而是取决于桶壁上最短的那块木板。人们把这一规律总结成为"木桶定律""木桶理论"或"木桶效应"，本书中则统一称之为"木桶定律"。

根据这一核心内容，木桶定律还有三个推论：

——只有构成木桶的所有木板都足够高，木桶才能盛满水；

——所有木板比最低木板高出的部分都是没有意义的，高得越多，浪费越大；

——要想增加木桶的容量，应该设法加高最低木板的高度，这是最有效也是最直接的途径。

木桶定律告诉我们：一只沿口不齐的木桶，盛水的多少，不在于木桶上最长的那块木板，而在于最短的那块木板，要想提高水桶的整体容量，不是去加长最长的那块木板，而是要下功夫依次补齐最短的木板。

你可以很容易发现木桶和企业的共同之处，即构成系统的各个部分往往是优劣不齐的，劣质部分往往决定了整个系统的水平。因为，最短的木板在对最长的木板起着限制和制约作用，从而决定了整个系统的战斗力，影响了整个系统的综合实力。

因此，一个组织，不是单靠在某一方面超群和突出的表现就能立于不败之地的，而是要看整体的状况和实力；一个团体，是否具有强大的竞争力，往往取决于其是否存在明显的薄弱环节。劣势决定优势，劣势决定生死，这是市场竞争的残酷法则。

引申到企业管理中来，制约企业发展的往往是少数的、一两个重要的、关键的问题，如管理能力、资金、技术、人才问题等。如果我们把企业当成一只木桶，而把企业经营所需要的各种资源与要素比喻成组成木桶的每一块木板，比如资金、技术、人才、产品、营销、管理等等，那么一个企业取得业绩的大小，就取决于企业资源中最短缺的资源和要素。

换个角度说，在企业的销售能力、市场开发能力、服务能力、生产管理能力中，如果某一方面的能力稍低，就很难在市场上长久获利。

其实，一个企业做得再好，管理上都有潜力可挖，换句话说，每个企业都有它的薄弱环节，正是这些环节使企业许多资源闲置甚至浪费，发挥不了应有的作用。如常见的互相扯皮、决策低效、实施不力等薄弱环节，都严重地影响并制约着企业的发展。

因此，企业要想做好、做强，必须从产品设计、价格政策、渠道建设、品牌培植、技术开发、财务监控、队伍培育、文化理念、战略定位等各方面一一做到位才行。任何一个环节太薄弱都有可能导致企业在竞争中处于不利位置，最终导致失败的恶果。

# 木板一：人力资源管理

在创业初期，美国麦考密克公司发展非常迅速，短短的几年时间，凭借正确的定位和竞争策略，很快在细分市场上奠定了行业领导者地位。但是，由于市场的利润空间较大，进入门槛较低，竞争对手纷纷跟进，竞争形势很快恶化，销售收入一路下滑，麦考密克公司市场地位受到强烈的冲击。

这时，企业的决策者意识到，大力开拓新市场才是当务之急，可他们很快发现，由于长期忽视人力资源的管理，公司根本没有储备的人才可以使用，面对诱人的机会，麦考密克的高层无计可施。

相对于其他企业而言，他们的人力资源管理是非常薄弱的，一方面是在企业的发展过程中，还从来没有将人力资源管理提高到企业战略的高度，企业的人力资源部只不过是"老板"的"一只手"而已，很多以人为本的先进理念仅仅停留在口号和标语的状态，至于说一些先进绩效管理的理念、科学人力资源管理的方法等都还是空白。

一个严密的组织就像是一部高速运转的机器，在这个系统中，只要有一环不匹配就可能导致机器整体功能低下，而员工就是这部机器的某个零件，要想实现企业的高速运转，就必须重视人力资源的管理。美国管理学家孔茨认为，在企业发展之初过于注重市场销售与生产管理，而忽视了人力资源的管理、人才体系的形成，是大部分企业继续高速发展的瓶颈。

20世纪后期，微软公司是企业经营成功的一个典范。创建于1975年的这家个人电脑软件制造商，经历了前所未有的成长。以其销售额为例，1990年为12亿美元，1991年达到了18亿美元，1992年尽管面临经济不景气，销售额仍然增加到27亿美元。股票市场上对微软公司的估价，要比通用汽车公司和国际商用机器公司都高。

微软公司是一个知识密集型的企业，它的持续成长，依赖于一个稳定的充满智慧和激情的员工队伍。正如公司的一位高级副总裁最近指出的："你不可能使用低水平的编程员编制出伟大的计算机程序。"

1989年，微软公司的工资单上共有4000名员工，到1992年，员工人数超过了1万人。填补公司员工配置需要的任务是非常艰巨的，举个例子来说，最近一年，微软公司招聘员共审阅了12万份简历，举行了7400次面谈，终于征聘了2000名新员工。

发现和选聘最优秀的人才，是微软公司的首要任务。当比尔·盖茨被问到他过去几年为公司所做的最重要的事情时，他回答说："我聘用了一批精明强干的人。"

实践是最好的检验标准，微软公司的人员选聘过程，显而易见是行之有效的。这家公司已经赢得了良好的声誉，招聘到许多杰出的工程、营销和管理人才。微软公司的成长记录有力地证明了有效的人力资源管理是其成功最为重要的保障。

企业发展的实践表明，在人力资源、市场营销和财务管理方面存在的"短板"最容易发展成为制约企业发展的瓶颈。这些"短板"的存在，轻则制约了企业的发展速度，重则将直接影响到企业的生存。

# 木板二：市场营销

不同类型、不同发展阶段的企业在管理中表现的"短板"特征并不一样。有的表现为技术研发方面的缺陷；有的表现在市场营销方面。对于很多传统企业而言，由于固有的体制和历史发展因素的影响，不仅在营销的战术上乏善可陈，而且在根本上缺乏现代市场的营销管理理念。

一家生产健康饮品的企业，一期投资 2 个亿的资金，建造了非常现代化的生产设备，企业有很好的研发力量，账上还有 5000 万的现金支撑，企业的整体负债率很低。可以说，这是一家非常不错的企业。

但是他们在营销上特别瘸腿，只有一位从白酒行业挖过来的市场总监，领着一帮刚毕业的大学生摸着石头过河。结果怎样呢？

半年间，广告费花了 800 多万，结果连区域市场都没占领。日生产 7000 箱的规模，每个月只能卖掉几百箱。而且，乱价、串货的现象时有发生。为什么？因为没有一个有力的营销体系支撑，产销不平衡，有资金，企业照样没办法做好。

很多企业的经营者常忽略应以市场为重心，在新事业的创业期间，这是一种最严重的成长伤害，有时甚至会造成永久性的伤害。

近两年，苹果电脑新品宣传活动持续不断，战线从北拉到南，从东拉到西，前所未有地活跃。苹果电脑总裁乔布斯希望能凭借无论是款式还是功能都具有超前性的新款 iMac 电脑及其周边产品拉动市场，甚至希望能打开一直没有进入的中国消费市场领域。

根据 2001 年的年度报告显示，苹果电脑公司的年度销售额已经下滑 33%，股价下跌 40% 左右。即使是最刻薄的竞争对手也不敢说苹果电脑是平庸的，但业内人士认为，销售是一直困扰苹果的瓶颈。

因此，营销在一个企业的整个经营过程中显得尤为重要。人们在决定购买某一商品时，会受到一种潜意识的影响。商品信息刺激的次数越多、越强烈，人们潜意识中商品的烙印也就越深刻，对商品的购买和消费就成为一种下意识的行为。事实上，人们总是习惯于消费自己熟悉的商品。

所以，对商家来讲，反复地宣传，在顾客心中造成强烈的印象，就是至关重要的问题了。著名的美国可口可乐公司，正是利用了顾客的这一消费心理，以铺天盖地的广告大战，奠定了可口可乐独占世界饮料业鳌头的至尊地位。

20 世纪 30 年代，可口可乐公司面临严重的财政危机。

为了摆脱困境，公司董事们决定聘用以推销卡车而在亚特兰大闻名遐迩的罗伯特·温希普·伍德鲁夫。

从此，伍德鲁夫经营可口可乐公司长达半个世纪之久。他广纳四方财源，把推销与宣传融于一体，在国际市场上为可口可乐开辟了一个崭新的天地。伍德鲁夫跟一个朋友闲谈时，这位朋友问他可口可乐成功的秘密，他说："可口可乐99.69%是碳酸、糖浆和水，只能靠广告宣传，才能让大家都接受！"

基于这一思想，伍德鲁夫自接任总经理后极为重视广告，对于一切报刊、电视、广播、宣传材料等能用来做广告的媒体，无不尽量使用。即便是他个人的宴会，他也从不放过为可口可乐做广告的机会，可谓用心良苦。

可以说，伍德鲁夫铺天盖地式的广告宣传战术，在第二次世界大战期间就已发挥了很大的作用。经过一系列的活动，可口可乐在美军中深受欢迎，有人将其称为"可口可乐上校""生命之水"，并且认为可以没有一切但不能没有可口可乐。

第二次世界大战中，从太平洋东岸到易北河边，美军沿途一共喝掉了100多亿瓶可口可乐。这样，可口可乐像蒲公英的种子似的随军飞到了欧洲许多国家，在某种程度上起到了广告宣传的作用。事实上，没过两年，可口可乐便在英、意、法、瑞士、荷兰、奥地利等许多国家的市场上畅销起来。

第二次世界大战末期，可口可乐的月销售已达到50多亿瓶，仅可口可乐装瓶厂就增加到了64家。今天，从南极到北极，从最发达的国家到最不发达的国家，可口可乐无处不在；从家庭妇女到商界强人，从白发老人至三岁孩童，可口可乐无人不晓。

这正是伍德鲁夫的营销高招留给世界的奇迹。目前，可口可乐在世界上140多个国家和地区畅销，以每天销售3亿罐的记录享誉全球，成为名副其实的"世界第一饮料"。

# 木板三：财务管理

　　缺乏正确的财务重心及财务政策，是新企业成长到发展阶段时面临的最大威胁。最值得注意的是，对任何快速成长的新企业而言，这种情形对它们都可能构成威胁。且企业愈成功，缺乏财务远见的危险性就愈大。

　　假定某一新企业成功地推出了其产品或服务，获得了快速的成长，并发布了"快速增加利润"的乐观预测，那么，股票市场就会"发掘"这一家新企业，尤其当它是高科技企业或新近流行的企业的话，更是如此。

　　许多预测指出，这家新企业在5年内将有10亿美元的营业额。但一年半后，这家新企业垮了。它不一定会关门大吉或宣告破产，可是它会尝到连续赤字的滋味。新企业的300名员工中可能有100名遭到辞退；总裁易人，或被大公司廉价收购。而发生这些情况的原因总是如出一辙：缺乏现金；无力筹措扩充规模的资金；无力控制各种开销、存货和应收账款，且这三种财务困境通常会同时出现。然而，就算只发生其中一种困境，亦会危及新企业的健康，甚至其生存。一旦出现财务危机，唯有花费极大的功夫，并忍受极端的痛苦方能渡过。

在创业之初，很少有创业家不在意钱财。相反，他们大都觉得钱是多多益善，因此他们都把重心放在利润上。然而，对新企业而言，这是一个错误的重心。或者我们该说新企业应到最后再注重利润，而不应在创业之初就太注意它。现金流量、资金及控制应摆在最前面。没有这三者，利润不过是一个虚幻的数字，也许不用一年或一年半，这些利润都不见了。

发展企业需要做现金流量分析、现金流量预测，以及制定完善的现金管理。过去几年来，美国的新企业在这方面的表现比以前好多了，主要是因为，美国新一代的创业家已了解到一个事实——要达到创业目标，就必须做好财务管理。

正在创业的人必须知道，12个月后公司的现金流量如何、何时需要、目的又如何。就算新事业表现良好，若要仓促筹措现金，或在"危机"出现时才筹措现金，不仅极为困难，而且代价极大。

最重要的是，这种情形总是让公司内的重要人士在紧要关头忙得晕头转向。他们需花费好几个月的时间奔走于各个金融机构之间，被问题丛生的财务预测整得团团转。最后，他们只好暂时搁置企业的长远计划，专心为90天的现金周转奔走。等到他们终于静下心来考虑事业的前途时，已不知丧失了多少重要机会。对所有新企业而言，外面的机会愈大，现金周转的压力也愈大。

在创业之初，一个成长的新企业可能拥有最好的产品、最重要的市场地位，以及最乐观的成长前景。然后突然之间，应收账款、存货、制造成本、管理成本、服务、分销等，一切都失去了控制。事实上，任何一项失去控制，都会产生连锁反应。等到控制再度建立起来时，市场已失去了，顾客不是变得不满意，就是采取敌视态度，经销商也会对公司失去信心。最糟的是，员工对管理当局开始采取不信任的态度。

其实，管理失控、平衡崩溃的最大原因就是忽视了财务问题。这就像一个人在海上航行，如果指南针偏离了行进的方向，其结果只能是到不了目的地或者沉没。作为一个企业的管理者，任何时候都要知道企业的财务状况。如果一个企业的会计报表一塌糊涂，也就表明它离倒闭不远了。

# 木板四：质量管理

随着科技的进步和社会的发展，企业间的竞争不断加剧，顾客对产品和服务质量的期望也越来越高。产品质量的优劣已经成为增加市场占有率最为关键的因素，企业要想占领市场，就必须在产品质量上下功夫，次级的产品想在苛刻的市场和顾客面前赢得一丝生存空间都已不再可能。因此，产品质量的短板已经成为决定企业生死存亡的问题。

1999 年 6 月 9 日，比利时有 120 人（其中有 40 人是学生）在饮用可口可乐之后出现呕吐、头晕眼花及头痛等中毒症状；法国也有 80 人出现同样症状。一周后，比利时政府颁布禁令，禁止本国销售可口可乐公司生产的各种品牌的饮料。

已经拥有 113 年历史的可口可乐公司遭遇了历史上最为重大的危机。在现代传媒十分发达的今天，企业发生的危机可以在很短的时间内迅速而广泛地传播，其无形资产也可能在顷刻之间贬值，这对企业的生存和发展，都是致命的伤害。

1999年6月17日，可口可乐公司首席执行官依维斯特专程从美国赶到比利时首都布鲁塞尔，在这里举行记者招待会。当日，会场上的每个座位上都摆放着一瓶可口可乐。在回答记者的提问时，依维斯特这位两年前上任的首席执行官反复强调，可口可乐公司尽管出现了眼下的事件，但仍然是世界上一流的公司，它还要继续为消费者生产一流的饮料。有趣的是，绝大多数记者并没有饮用那瓶赠送给与会人员的可乐。

记者招待会的第二天，依维斯特便在比利时的各家报纸上出现——由他签名的致消费者的公开信中，仔细解释了事故的原因，信中还做出种种保证，并提出要向比利时每户家庭赠送一瓶可乐，以表示可口可乐公司的歉意。

与此同时，可口可乐公司宣布，将比利时国内同期上市的可乐全部收回，尽快宣布调查化验结果，说明事故的影响范围，并向消费者退赔。可口可乐公司还表示要为所有中毒的顾客报销医疗费用。可口可乐其他地区的主管，也宣布其产品与比利时事件无关。市场销售开始转向正常，从而稳定了事故地区外的人心，控制了危机的蔓延。

据估计，为平息中毒事件，可口可乐公司共收回了14亿瓶可乐，中毒事件造成的直接经济损失高达6000多万美元。可口可乐为此付出了惨重的代价。

# 木板五：管理者的素质

大部分的领导者对公司中的薄弱环节都会不遗余力地进行改进，他们会尽量提高下属的能力，弥补组织中的薄弱环节，但他们也许并没有意识到，在很多时候，阻碍公司发展的决定因素，可能就在于自己已经成为组织中最短的那块木板。

对于企业来说，如何用人和管理者自身素质在管理活动中是最容易出现也是最容易被忽略的问题。没有具体、细致而强有力的领导，即使引进了先进的经营管理方法和生产组织形式，也不会收到较好的效果。

有这样一则寓言：鸟儿们聚在一起推举它们的国王。孔雀说："我最漂亮，国王应该由我来当。"这一提议立刻得到所有鸟儿的赞成。一只穴鸟却不以为然地说："当你统治鸟国的时候，如果有老鹰来追赶我们，你如何保护我们呢？"

对一个组织来说，"大老板"是第一块高度既定的木板，其具体的高度和能力数值，取决于其业务专长、品德、兴趣等一系列的综合指标。团队的成败，首先取决于"大老板"的高度。

企业发展从小到大，要求企业家从冲锋陷阵、直接领人做事，逐步转化为授权激励、让人做事。在此过程中，管理所涉及的"瓶颈"问题也在不断变化，如从开始的单一职能、单一业务、单区域渗透，到多职能、多业务、多区域协同，再到多环节、多主体、多部门的前后整合等等。

管理者的职位注定了管理者的大脑必定是一部百科全书——经济、管理、法律、自然科学、文化礼仪等等，总之他必须无所不知。同时，他还必须具有超人的魅力、健康的体魄、完善的心理和胜任的能力等等。

在企业的发展过程中，管理者必须对企业自身潜能及其动态变化保持清醒的认识。俗话说："最后一根稻草压断骆驼背。"小把戏能耍，大戏法不一定能变。比如，以前的公司注册资本是10万，你可以经营得游刃有余，可现在突然有了500万，那么在企业的经营上你还能像经营先前的公司一样感到轻松吗？作为一名管理者，在决定企业的发展目标时，必须要有充分的思想准备，储备多方面才能，不仅在才识方面要有过人之处，更应当有应变的能力，如此，不但可服人，还能迅速应对不可预知的意外事件。管理者只有不断地提升自己的"短板"，发展、提高自己的综合技能，才能谋求更高的职位、承担更大的责任。

其次是，"大老板"根据自己的高度来挑选副手，如总经理挑选若干副总经理等。挑选的原则是，能够胜任相关的业务，也即副手的高度，必须与"大老板"的高度相匹配。

# 木板六：企业文化

一个庞大的企业，如果没有一套行之有效的财务制度和健全的企业文化，那么后果是很难想象的。如果说资金是企业发展的保障，那么企业文化就是凝聚人心的平台。

伟大的管理学家彼得·德鲁克有句名言："管理不只是一门学问，还应是一种'文化'，它有自己的价值观、信仰、工会和语言。"许多企业之所以失败，就是忽视了企业文化的重要性。企业像人一样，有自己特有的性格、风情和生存理念，一个没有企业文化的企业就像一个没有个性的人，别人不会注意它，自己也不会有什么惊人之举。

美国旧金山、洛杉矶一带的企业，由于经验比较丰富，它们对企业文化的理解与重视也提到了前所未有的高度。

洛杉矶的"追梦人"集团公司是专门从事珠宝、首饰生产和加工的企业，他们从创业初只有30平方米的作坊式小工厂，发展到今天下属16家企业的大中型私营集团公司，并获得了迄今为止首饰界唯一的"驰名商标"称号。面对这样骄人的成绩，集团总经理耐克·曼狄若把它归功于公司的企业文化——"以诚治企"。

不管在什么情况下，"追梦人"公司都十分注重自己特有的文化理念。"诚则成业，随则毁业"，大到公司决策、小到帮助普通员工建立理财观念，追梦人集团时刻都体现了对企业文化和团队精神的重视，自上而下地在集团内部实施企业文化的塑造和整合。

对某些企业来说，他们整天想着如何把企业做强、做大，在实际经营中，却只重视产品质量，只抓销售业绩，而忽视了对员工的生活和想法的了解，忽视了对企业文化的有机整合，最终使得企业文化停滞不前，阻碍了企业的长远发展。

在知识经济的今天，如果一个公司没有企业文化的支撑，那么它注定是要短命的。现代化的企业已不再是单纯的生产流水线，而是一个充满团结、竞争和活力的综合性组织，要形成这样的组织，就必须建设有特色的企业文化。

# 公司经营的平衡发展

如果把企业资源的各个要素（营销、服务、资金、管理、人力、环境资源）比作木桶的桶板，把企业经营成果（竞争力、利润）比作木桶里盛的水，企业经营均衡问题也正是木桶定律所揭示的现象，即：各经营要素必须均衡发展，才能保证企业经营成果的最大化。

所谓均衡发展是指在企业经营过程中，通过企业各种经营要素和资源要素的均衡配置，达到企业资源应用的最优化和经营成果的最大化。这里讲的均衡当然不是简单的平均概念，而是一种动态的最佳效应的结构组合。

企业成长速度的快慢，决定了企业的生死存亡。快速发展战略的推行，能给企业带来巨大的生机和利益空间，也一定会使企业产生不平衡的情况，如资金供求不平衡，市场供求不平衡，发展目标与实现能力不平衡，以及内部整体与局部之间、部门之间、员工之间等不平衡。

在龟兔赛跑中，乌龟跑得慢，但是它最后赢得了比赛。企业人士通常希望的成长速度是：快、更快、最快。然而，所有自然形成的系统，从生态到人类组织，都有其成长的最适当速率。

最适当速率远低于可能达到的最快成长率。当企业成长过快，不平衡的现象超出一定的限度时，势必造成诸多环节被忽视、被省略，系统自己将会以减缓成长的速度来寻求调整，如果处理不好就会使组织被击垮，把企业引向危机的深渊甚至倒闭，这是极其危险的。

因此，既要让企业快速地发展，又必须不断地达到平衡，这是当今企业在激烈竞争的环境中获得成功的两个必要条件，也是现代企业经营的高超技艺与将要达到的至上境界。

不管是一国的综合国力，还是经济、教育，甚至个人的自我发展，都要平衡发展，不能偏重一面，畸形发展。

# 国家：培育综合国力

美国政治学和经济学家奥尔森曾提出过著名的"奥尔森定律"，即历史上许多国家的灾难往往会互相重复，虽在事前有许多征兆，但可惜的是，每一个国家都只有在危险爆发后才意识到问题的存在，并开始改弦易辙。

长期以来，许多国家为了加快某一方面的发展，往往采取高度倾斜的非均衡发展战略，导致了极不平衡现象的发生，苏联由于过于重视军事竞赛而忽略经济和其他方面的建设就是一个典型的例子。

今天，各国贫富差距的矛盾日益尖锐，资源和生态环境问题日益突出，城乡差距、地区差距进一步拉大，这些不平衡的因素都严重地影响到了一个国家的综合国力，任何一个方面的欠缺都可能成为一个国家可持续发展的瓶颈。

目前，任何一个国家要增强本国的综合国力，都无法回避科技、经济、资源、生态环境同社会的协调与整合的问题。随着社会知识化、科技信息化和经济全球化的不断推进，人类世界将进入可持续发展综合国力激烈竞争的时代。可持续发展综合国力是一个国家的经济能力、科技创新能力、社会发展能力、政府调控能力、生态系统服务能力等各方面的综合体现。

从可持续发展意义上考察一个国家的综合国力，不仅需要分析当前该国所拥有的政治、经济、社会方面的能力，而且还需要研究支撑该国经济社会发展的生态系统服务能力的变化趋势。

可持续发展综合国力的价值准则是国家在保持其生态系统可持续性的基础上，推动包括社会效益和生态效益在内的广义综合国力不断提升，实现国家可持续发展的过程。显然，可持续发展综合国力的内涵决定了在提升可持续发展综合国力的过程中，科技创新是关键手段，生态系统的可持续性是基础，经济系统的健康发展是条件，社会系统的持续进步是保障。

# 科技：获得诺贝尔奖

　　"木桶定律"同样适用于衡量一个国家的科技实力，现在用于评定科技实力的"容量"就是诺贝尔奖。诺贝尔奖设立于 1900 年，1901 年进行了第一次评奖，到现在已有一百多年的历史了。

　　回顾诺贝尔奖的历史，一般人对诺贝尔奖都有一个误解，认为它只是奖励那些在自然科学的基础研究领域取得突破性成就的科学家。比如说第一位诺贝尔物理学奖得主是发现了 X 射线的伦琴，后来居里夫人因为发现了镭和钋两种放射性元素而得奖，还有爱因斯坦，一生没有从事过技术和产业的工作，而是致力于探索宇宙的奥秘和规律，这些都是科学发展的领域。

　　直到 20 世纪中叶，事情才发生了根本的改变。1947 年，晶体管的发明者获得了诺贝尔奖。用现在的观点来看，对应用技术的研究，甚至发明也可以获得诺贝尔自然科学方面的奖项。

美国从20世纪60年代迎来了一个科研创新的黄金期，基础研究与应用技术交相辉映，新发现与新工艺、新材料和新产品不断涌现，新技术又反过来促进了产业的繁荣，孕育出一批优秀的公司。

美国的科学政策经历了"以军事服务为主"的时期。第一次世界大战以前诺贝尔的自然科学奖主要集中在欧洲，美国只有一人获奖；第二次世界大战以前，大约占10%；从第二次世界大战以后，美国的获奖比例大大提升，达到50%以上，而近期更高。

第二次世界大战以后，美国政府把基础科学提升到前所未有的高度。第二次世界大战结束前的1944年，罗斯福总统要求就"如何将科学对战争胜利所起的巨大作用的经验用于和平时期"进行研究。1950年，美国建立国家自然科学基金，专门资助那些本质上非商业性的基础科研，并培养了众多的诺贝尔奖获得者。

20世纪90年代，美国进入"引导科学通往更广阔的目标"的新时期。在这期间，基础研究日益受到政府和大型企业以及各种基金会的重视，基础性研究硕果累累，科学发现和技术发明层出不穷，使美国成为基础研究和科学发展无可匹敌的国家。

现在，要想获得诺贝尔奖往往是双轨的，即基础研究与应用开发的结合，科学与技术的结合，科技与开发以及产业化的结合。任何一个方面的缺失都可能导致科技的失衡，降低木桶的盛水容量。

# 教育：国家生存之本

前哈佛大学校长德里克·博克曾说过："如果你认为教育太花钱，是双料的愚蠢。"不建立一流的教育体系，任何国家的综合国力都很难处于一流水平。任何一个国家要想使自己变得有竞争力，就必须先使教育有竞争力。

研究日本问题的权威们一致认为，日本经济增长的主要原因得益于其完善的教育体制。日本拥有全世界教育程度最高的劳动力，是全世界国民智商最高的国家。日本的高中生在全世界得分最高，95%的日本国民持有高中文凭，其水平相当于美国大专二年级。

大家都知道，工厂、设备和机构是建成所有公司大厦不可缺少的砖块，但正如人们所说，两条腿的凳子坐不稳，公司这只凳子的第三条腿就是拥有各种信息和知识的人以及他们的想象力和创造力。

商界需要有学习经验之人，因为工作和学习越来越密不可分。我们大家都必须迅速地处理大量的信息，因为信息是最具有竞争优势的商品。我们需要的人才不仅要有熟练的基本技能，而且要懂得如何认识和传达他们的思想；我们还需要他们能适时而变，能接受新观念并与他人和睦相处。

横扫经济的技术革命需要劳动力空前提高其自身的教育程度。劳动力的质量决定经济的成败与否。以信息知识为本的经济中，教育便成了必不可少的基础。

韩国经济的快速发展也是全社会、全民族重视教育的结果。韩国人通常把经济称为第一经济，而把促进经济发展的教育称为第二经济。他们自豪地宣称，韩国是全世界识字人口比率最高的国家之一，其成就的取得缘于全社会全民族重视教育。

韩国之所以能在教育上实现飞跃，得益于从中央政府到百姓家庭同心协力的经济支援。韩国学校分为国立、公立和私立三种。国立和公立学校主要依靠政府财政拨款办学。韩国的教育财政一般由三部分组成：中央和地方各级政府财政拨款；学生交纳的各种费用及家长交纳的育成会和期成会的会费；学校法人和社会的捐助。

私立学校作为社会办学的另一种形式，与政府办学相结合，形成韩国教育的一个显著特点。教育层次越高，私立比重越大，质量高、信誉好的学校往往是私立学校。私立学校的经费来源主要靠办学者投入、政府支持和收取学费。企业投资办教育，实行产、学、研结合，已成为韩国比较通行的办学形式。

韩国是一个高度重视教育的国家，以父母为经济中心支持子女上学，是学生得以保持不断升学并热情不减的主要动力。韩国的家庭是保持韩民族优秀传统的堡垒，在韩国教育投资的构成中，由学生父母承担的教育费在教育投资总额中占据了半壁江山。

美国施乐公司董事长柯恩斯认为，教育体系是国家生存之本。一个国家的经济命运与社会生活方式一样都依赖于教育事业，这并非是夸大其词。若不对教育提出更高的期望，整个国家的发展将困难重重。

若继续容忍经济所需人才和学校毕业生不协调的矛盾，我们将失去竞争优势，失去繁荣和原有的生活方式。这不仅威胁各国经济，同时也威胁着各国文明。毕竟教育是为了继承文明，但仅仅继承还不够——新一代都必须再学习。

# 个人成长：获得全面的发展

## 培养各方面的能力

哈佛大学向加州年仅 13 岁的鲍尔斯奇——这位被誉为"数学神童"的少年发去预录通知单，再次使"神童"话题成为加州家庭舆论的中心。

鲍尔斯奇经历过数次跳级，从小学到中学，总共只接受了 8 年的正统教育。但正如哈佛一位教师所说："一个真正的科学家，除了知识，还要懂得哲学、艺术等多门学科，可鲍尔斯奇的文科成绩很差，这对他将来的发展极为不利。"

木桶盛水的多少，不是看最长的那些木板，而是取决于最短的那块木板，是它最终决定了存水的容量。一个人的才能也是综合性的，最长的总要受最短的制约。对于素质教育来说，我们同样需要弥补短的木板。所以，在为"神童"的特长而欣喜时，别忘了看他的短处。对于儿童来讲，学习能力发展失衡如不能得到及时纠正，势必影响未来的学习和生活。

所谓素质教育，从其内容上讲，也就是要求学校、社会和家庭对学生的德、智、体、美、劳等方面进行综合提高的教育。如果把素质教育比作"木桶"的话，它由德育、智育、体育、美育、劳动技能教育五块"木板"组成。

那么，如何使素质教育收到最好效果呢？也就是说，如何使这只"木桶"装上最多的水呢？

在由德、智、体、美、劳五块"木板"围成的素质教育中，不少的老师和家长都非常重视智育这块"木板"的长度，而现行的升学制度、考试制度等考核方式，无疑也加剧了包括学生在内的人们对智育的畸形重视。

智育当然是素质教育中十分重要的内容，但是，也决不能因为重视智育而放松了德育、体育、美育和劳动技能等方面的教育。

事实上，很多的学校、家庭中出现的问题都已经给我们敲响了警钟。有的放松了对学生的思想品德教育，导致了他们犯罪；有的不重视学生的体育，结果一些成绩优秀的学生成了"豆芽儿"体型；有的不注意学生的美育，导致他们盲目接受社会的反面文化……种种不良的社会现象提醒我们：无论是学校，还是家庭、社会，都不要单纯地追求某一方面的教育。

特别是基础教育阶段，更要让学生全面发展。也就是说，学生的优势特长要保持，但不能"瘸腿"，不能放松甚至完全不管其他几个方面的教育。

## 完整的知识结构

在个人的知识结构方面，木桶定律同样成立，无论是专家还是知识面极宽的人，其知识的发挥机会与其知识结构都直接相关。对于一些存在某类知识缺陷的人来说，其发展总是存在瓶颈，在能力发挥方面必将受到制约。

比如，一个担负决策任务的公务员不懂聚合物和多种示波器的话就不可能制定出切实可行的科技政策；一个市场销售总监如果不了解消费者和产品的技术问题，就无法评估产品的销售特点。

对于墨守成规的工程师来说，他们可以不尊重人的价值而只靠技术进步来评价一切，把人文科学同技术科学割裂开来。但这种割裂是人为的，违反生产力发展的，因为人的价值与技术并非是截然相反的东西，而是相互依存的，犹如一组组氨基酸构成的双螺旋 DNA（脱氧核糖核酸）一样。

如果说工程师必须了解更多的人文学科，那么人文科学家也必须了解更多的技术。与新兴的工程师相比，我们更需要能驾驭计算机的哲学家。因为，他能超越狭窄的专业范围来看问题，发挥各项才能的协同效应。

我们不但需要发现问题的人才，还极其需要解决问题的人才。许多人可以做到前者，两者皆备的人却很少。因此，要想获得顶峰的成就，最理想的办法就是均衡发展，以便把机遇之门开得更大。

# 生活与事业：平衡自己的生活

## 工作和生活的平衡

2003 年 5 月，《财富》杂志对美国硅谷的企业家们的健康状况进行了调查，该调查表明，超负荷的工作和过于紧张的精神状态是企业家们"最真实的生活"写照。

工作压力大是企业家们精神紧张的主要原因。受访者每周工作都超过 60 多个小时，很多人常常全周无休假，每天工作 12 小时以上。在这份调查里，仅有 10％的企业高层管理者否认自己存在着工作压力，超过一半的被访者感觉到自己的工作压力比较大。在股东利益和员工利益的背后，他们承担着超乎寻常的责任。

美国亚特兰大的一位心理医生透露，他们在做心理健康检查的时候，经常发现有些非常成功的企业家在心理医生的面前会失声痛哭，因为事业做得大，负债也多，想到这些内心就受不了，但这些又不能随便告诉别人，只能闷在心里，独自承受。

激烈的市场竞争让每个企业经营者的精神都高度紧张。若兰·布什内尔在接受《财富》的专访时说，他每天工作12小时以上，无节假日，但还是"如履薄冰，战战兢兢"。他出差常选在周四，以便充分利用双休日办事，周一准时回公司上班。

调查还指出，企业家们的生活特点是：运动少、爱吃生食、睡眠差。83%的被调查者没有运动习惯，75%的企业家体重超标，60%的人饮食习惯中有喜欢生食的爱好，58%的人承认睡眠没有规律，33%的人认为自己的睡眠质量很差。

高负荷的脑力劳动，精神压力过重，不规律的生活习惯和饮食，再加上运动不足，这些因素会导致"心累""身累"，通常表现为神经衰弱、失眠多梦、记忆力下降、肢体软弱、精神疲乏、短气少言、昏昏欲睡等症状。医学专家提醒，如果这些症状得不到及时的关注和缓解，身体恢复的难度就会增加，并容易导致脑血管、心血管等疾病的产生。

此外，当一名企业家对自己事业上的成就充满自豪的时候，他也许会对妻子（丈夫）、孩子感到亏欠，对朋友感到愧疚，对丢掉了自己的业余爱好感到遗憾；与此同时，他还可能备感压力，情绪失控，甚至心力交瘁。

很多企业家在事业上很成功，但对事业的投入牺牲或许影响了他们的个人生活。从事业角度讲，他们是成功的；但从生活角度来看，他们却是残缺的，有些遗憾也许一生都无法弥补。

都说面对生活要有耐心和信心，但更重要的是要有一种健康平衡的心态。对名利、对家庭、对事业、对友情，我们要问问自己的内心渴求，什么东西是浮华的，什么东西是持久的，什么东西能使内心甘甜如蜜。内心世界是一种永恒的东西，它能装下我们一世的所见所求，它能让我们咀嚼走过的人生。

在压力大和节奏快的现代社会，我们更需要平衡自己。对于一个成年人，长久的郁闷和焦躁不是人生的常态，挣钱是一种手段，但不是目标。幸福的标准其实很简单，就是在面对各种欲望的同时，看看我们的内心是否平衡。

## 身体各个部分的平衡

美国人费克士知名度很高，许多人受他的影响通过慢跑收到了很好的健身效果。费克士本人身体原来一直不太好，且还有心脏病，但他坚持慢跑锻炼，身体变得很棒。当时有人劝费克士去检查一下身体，他不以为然，认为慢跑可治百病，即使有心脏病，也会在慢跑中痊愈。

突然有一天，费克士在慢跑锻炼中突发心脏病死去。人们一开始对他的猝死非常惊讶，最后通过医院通知单上的告知，人们才知道费克士死于心脏病。

时下，仍有不少人采用单一的养生措施，不少人经常挤出时间来锻炼，片面地加长组成木桶的长板，而忽视其他方面，更没有加长"短板"的长度，特别是缺乏针对性的调理，毫无疑问，这是不能达到养生目的的。

在加州世纪公园晨练中的一位老年朋友，睡眠一直不好，腿部常常肌肉痉挛，为治此症，他坚持练中国气功，但效果并不明显。最后他去医院看医生，被诊断为缺钙，补钙后症状很快消失了。

当然，我们并不否定慢跑和练气功的作用，但健康是由许多因素共同决定的，不针对自身的弱项而仅凭体育锻炼是不够的。综合因素的组合效应好比由几块木板箍成的木桶，这些木板必须等长、等质，木桶才会有最好的使用质量和最长的使用年限。若其中一块木板短了、朽烂了，必须将坏的木板加长、加固或换板，否则就会直接影响整个木桶的寿命。

对每个人来说，也应该明白自己的"生命木桶"是由几块"木板"组成的，每一块的状态如何，有没有需要"补短"和"换板"的。只有针对自己的薄弱环节，采取有效的补救办法，才能走出一条适合自己的养生之路。如果仅采取一两项措施，而忽略其他方面，尤其是自身的弱项所在，就很难达到养生保健、延年益寿的目的。

## Part 3
# 原因和延伸

　　木桶的容量为什么是由最短的木板决定的呢？虽然我们可以直观地理解，但它还有很多更深层次的原因。

# 系统理论：容量取决于子系统之间的结构关系

子系统最优，不能决定总系统最优；子系统薄弱，决定木桶的装水量，影响和制约着总系统的水平；各个子系统配合得不好，也会影响总系统的水平。系统原理是现代科学管理的首要原理，木桶定律发挥作用，一定程度上是由系统的特征决定的。

首先，管理同世界上一切事物一样都呈现着系统形态，又都是由相关的众多要素通过相互联系、相互作用、相互制约、有机结合而构成系统集合体。没有要素或单个要素没有复合，则不能构成系统。

但凡系统都有属性和功能，但系统要素不能直接形成系统属性和功能，必须通过"结构"这个中介来实现。结构说明系统的存在与系统和要素之间互相联系、互相作用的内在方式。而要素间的相互关联，要素与系统的相互依存，是系统结构性的基础。有机结合的结构产生系统属性和功能。

在企业这个单独的系统中，有很多因素影响企业发展，但有些因素之间是"交"的关系，即共同作用才能保证企业发展；有些因素之间可能是"或"的关系，即各因素单独作用对企业发展都有积极作用。

因此，各个因素之间的组合关系决定了系统中各个因素的组合效果。如果这种关系只是一种松散型关系，那么木桶定律就不一定发挥作用。

其次，但凡系统都有自己特定的目的，即目标，它在系统中发挥启动、导向、激励、聚合和衡量作用。没有目的，各要素将是一盘散沙，系统就不能存在和运转。每个系统只能有一个总的目的，在幼儿园管理系统中即指教育目标。系统内的各部分（子系统）都要围绕总目标统筹运动，在确定或调整子系统的具体目标时必须服从总目标。

# 临界点效应：没有完成最后一英里

爬山爬到某个高度的时候，会感到筋疲力尽，再也不想往上爬一步，但只要咬紧牙关坚持爬，过一会儿你就会感到全身开始舒服起来，爬山的乐趣油然而生；跑步跑到一定的时候，也会感到筋疲力尽，但只要咬紧牙关坚持跑，过一会儿你就会感到呼吸舒畅起来，两条腿也好像自动跑了起来，继续跑下去的勇气会转变成一种轻松地向前跑的惯性，接着再跑下去你就能跑出很远。

水温升到99℃，还不是开水，其价值有限；若再添一把火，在99℃的基础上再升高1度，就会使水沸腾，能产生大量水蒸气来开动机器，从而获得巨大的经济效益。

不管是爬山还是跑步，都像煮开水，在你达到目标前的那一刻，就是你做一件事情的临界点，如果你坚韧不拔地坚持下去，就会越过临界点，进入一种新的境界，并且获得最后的成功。在最后某些环节没有获得突破，导致前功尽弃，是木桶定律的短板决定盛水量的一个重要原因。

美国是全球因特网革命的先行者，但宽带在居民家庭中的普及率曾一度落后于韩国和日本。

当时，造成美国在宽带上发展缓慢的原因并不在于基础设施不健全。其实，美国有80％到90％的人口都已经在宽带接入的覆盖范围之内，只是宽带接入却在即将进入用户的所谓"最后一英里"阶段碰到了障碍。

受"最后一英里"障碍的限制，大量闲置的宽带主干网络未能接入用户家庭。这不仅造成美国通信设施的巨大浪费，也延缓了美国的信息化进程。在工作和事业中，要想取得成功，也需要我们有挺过临界点的勇气和坚持到底的耐力。

很多人在工作中十分浮躁，总觉得自己做的是小事，其实这个世界上小事做不好的人绝对不可能做出大事来，能否认真地把一件事情做完是一个人能否取得成功的重要标志。不能跨越生命的临界点，我们会吃尽失败的苦头；而要想跨越生命的临界点，我们可能需要经受很多的考验。

# 瓶颈效应：最弱的决定生死

在研究了各种化学物质对植物的影响后，科学家发现，当一种植物所需要的某种营养物质降低到该种植物最小需求量以下的时候，这种营养物质就会限制该种植物的生长。

在生物学中，这种营养物质的最小需求量成为限制生物生长的瓶颈。同样，在媒介管理和大众传播中，媒介员工和社会大众往往也不太受他们基本拥有的大量营养元素或一般信息的限制或影响，反而容易受到那些微量营养元素或特殊信息的限制或影响。

在新闻传播中，当一般信息、表象信息、共同信息可以满足受众需要时，那些有独特新闻价值的重要的知识信息、思想信息，因为比较匮乏反而成为制约传播效果的"瓶颈"。

有些人喜欢把这些限制因素产生的绝对影响称为"瓶颈效应"，意思是瓶颈的粗细程度限制倒水时的水流量。

瓶颈效应又称约束理论，它是木桶定律发挥作用的又一个主要因素。

与此相似的还有一个"链条定律"：一根链条与它最薄弱的环节有着相同的强度，链条越长就越薄弱。链条环环相扣，犹如企业各部门、各工序、各环节的衔接，既相对独立，又相互关联。而链条的强度取决于最薄弱的环节。企业管理的最高境界就是走好你的每一步，做好你的每一环。

约束条件是客观存在的，对于那些最"勒紧"的约束条件，人们一定要想办法克服它、突破它。任何企业要想获得持续发展，都必须在这些约束条件上获得突破。

福特汽车公司使用"瓶颈原理"管理安排生产，英特尔公司一直以来都在使用"瓶颈原理"来控制新产品的开发进度，惠普公司正在公司内部开展"瓶颈原理"的普及和培训。所有"瓶颈原理"的成功应用都有两个共同的特点：一是见效快，一般一到三个月就能见效；二是效果明显，公司效益的提高绝非一点两点。

# 底洞效应：细节决定成败

美国的酒水营销企业最头痛的问题是市场启动速度太慢，于是经销商在终端策略、广告支持上花了很大的本钱，目的在于补齐短板，以吸引经销商，并拉动终端销售，但效果不佳。

某著名咨询公司在进行营销诊断后发现：企业在营销管理方面存在许多细节问题，如对业务员、开发经销商的激励机制不科学，业务员的巡店制度没有严格监督，终端建设表面漂亮、实效不足，与经销商沟通没有制度化、规范化，经销政策没有完全落实，所以，细节的"漏水"最终导致了全局的成败。

同样的问题越来越多地出现在各个企业的营销过程中。很多企业在营销出现问题的时候，一遍遍思考营销战略、推广策略哪儿出了毛病，却忽视了对营销细节的认真查核。导致这些问题的原因是多方面的，最根本的因素是企业营销思路受到了局限，没有认识到营销细节的"短板"会决定营销推广的成败。

一个木桶装了再多的水，如果忽略了底板上的薄弱环节，水装得再满，也会从底洞漏掉。在管理工作中，在个人能力建设中，"底洞效应"是木桶定律发挥作用的一个主要原因。

1993年1月16日，美国"哥伦比亚"号航天飞机升空80秒后发生爆炸，飞机上的七名宇航员全部遇难，全世界一片震惊。美国宇航局负责航天飞机的官员罗恩·迪特莫尔被迫辞职。此前，他在美国宇航局工作了10年，并已担任4年的航天飞机计划主管。

事后的调查结果表明，造成这一灾难的凶手竟是一块脱落的隔热瓦。

"哥伦比亚"号表面覆盖着2万余块隔热瓦。它能抵御300℃的高温，以免航天飞机返回大气层时外壳被高温所融化。1月16日"哥伦比亚"号升空80秒后，一块从燃料箱上脱落的碎片击中了飞机左翼前部的隔热系统。宇航局的高速照相机记录了这一过程。

应该说，航天飞机的整体性能及很多技术标准都是一流的，但仅仅因为一小块脱落的隔热瓦就毁灭了价值连城的航天飞机，还有无法用价值衡量的七条宝贵的生命。

在这里，一个小小的细节上的错误，使这一结果别说是得零分，甚至得了负分也不过分。细节的重要性，在这里得到了最充分的体现。

任何整体都是由无数个细节构成的，细节的完美是整体出众的前提。是否关注细节桶缝的"跑冒滴漏",其意义更大于对短板的关注,因为短板的显现较为明显,而桶缝的危害则更加隐蔽,对企业的危害也更大。

# 粘结效应：不可忽视的桶缝

钓过螃蟹的人或许都知道，篓子中放一群螃蟹，不必盖上盖子，螃蟹是爬不出来的。因为只要有一只想往上爬，其他螃蟹便会纷纷攀附在它的身上，把它也拉下来，最后没有一只能够出去。因此，华盛顿定律笑言：一个人敷衍了事，两个人互相推诿，三个人则永无成事之日。

一只木桶能够装多少水取决于木板中最短的一块，而不是最长的那块。如果公司是一只木桶，那么这个理论还可以再延伸一下，一只木桶能够装多少水，不仅取决于木板的长度，还取决于是否找到了木板与木板之间的最佳契合点，它们是否紧密团结成一体。如果木板间存在缝隙，或者缝隙很大，同样也无法装满水，甚至一滴水都没有。

人与人的合作不是静止的，它更像方向各异的能量，互相推动时自然事半功倍，相互抵触时则一事无成。

一个优秀团队的凝聚力和竞争力是不容忽视的，没有一个企业希望自己的员工是一盘散沙，个个都去单打独斗。有很多优秀的人才固然很好，但重要的是各个部门要有良好的协作，这些优秀的人才要精诚团结凝聚成一股强大的力量，这样才有可能获得最大的管理效益，企业的经济效益也才能取得长足的发展。

公司中的每一个员工尽管都很优秀，但一个公司的经营，仅仅靠某个人的能力是不会有很大发展潜力的。一个团队的战斗力，不仅取决于每一位成员的积极性和做事能力，也取决于成员与成员之间的相互协作、相互配合，只有这样才能达到均衡，企业才能紧密地结合成一个强大的整体。

仅仅拉长一只木桶的短木板还不够，因为一个由平齐的木板箍紧的木桶，如果有漏缝，所有的木板再齐、再长也不可能装很多的水。只有找到木板与木板之间的最佳契合点，精诚合作，紧密团结，才能创造佳绩。

# 破窗效应：小破坏带来大灾难

美国心理学家詹巴斗曾进行过一项有趣的试验：把两辆一模一样的汽车分别停放在两个不同的街区。其中一辆完好无损，停放在帕罗阿尔托的中产阶级社区；而另一辆，摘掉车牌、打开顶棚，停放在相对杂乱的布朗克斯街区。结果怎样呢？

停在中产阶级社区的那一辆，过了一个星期还完好无损；而打开顶棚的那一辆，不到一天就被偷走了。后来，詹巴斗把完好无损的那辆汽车敲碎一块玻璃，这辆车仅仅过了几个小时就不见了。

以这项试验为基础，美国政治学家威尔逊和犯罪学家凯林提出了一个"破窗理论"。他们认为：如果有人打坏了一栋建筑上的一块玻璃，又没有及时修复，别人就可能受到某种暗示性的纵容，去打碎更多的玻璃。久而久之，这些窗户就会给人造成一种无序的感觉，在这种麻木不仁的氛围中，犯罪就会滋生、蔓延。

纽约市在20世纪80年代的时候，真是无处不抢、无日不杀，人们在大白天走在马路上也会害怕。纽约的地铁更不用说了，车厢凌乱，到处涂满了污言秽语，坐在地铁里，人人自危。有位教授在光天化日之下，被人敲了一记闷棍，眼睛失明，从此结束了他的研究生涯。这一切都使得外地人对纽约谈虎色变，不敢只身去纽约。

纽约市交通警察局局长布拉顿在给《法律与政策》杂志写的一篇文章中谈道：

"地铁无序和地铁犯罪在20世纪80年代后期开始蔓延。那些长期逃票的、违反交通规则的、无家可归骂街的、站台上非法推销的、墙壁上涂鸦的……所有这些加在一起，使得整个地铁里弥漫着一种无序的空气。我相信，这种无序就是不断上升的抢劫犯罪率的一个关键动因。因为那些偶然性的犯罪，包括一些躁动的青少年，已经把地铁完全看成是可以为所欲为、无法无天的场所了。"

布拉顿采取的措施是号召所有的警察认真推进有关"生活质量"的法律，他以"破窗理论"为师，虽然地铁站的重大刑事案件不断增加，他却全力打击逃票。

结果发现，每七名逃票犯罪嫌疑人中，就有一名是通缉犯；每二十名逃票犯罪嫌疑人中，就有一名携带武器。令人难以置信的是，从抓逃票开始，地铁站的犯罪率竟然开始下降，治安大幅好转。

1994年1月，布拉顿被任命为纽约市的警察局长，升为警察局长以后，布拉顿开始把这一理论推广到纽约的每一条街道、每一个角落。他认为，这些"小奸小恶"正是暴力犯罪的引爆点。针对这些看来微小，却有象征意义的犯罪行动的大力整顿，已经带来很好的效果。

"警局的最高领导居然要关心街头那些'毛毛雨'犯罪，这在纽约市是史无前例的，甚至在整个美国绝大多数警察局也是史无前例的。"马里兰大学政策研究专家沙尔曼感慨地说。

但是，事实就是如此，在"破窗理论"的指导下，纽约市的治安大幅好转，甚至成为全美大都会中治安最好的城市之一。

可以看出，就是因为像破窗这样的小破坏而给社会带来了巨大的灾难。短板最终决定整个木桶的盛水量。

# Part 4
# 找短

任何一个区域都有"最短的木板"，它有可能是某个人，或是某个行业，或是某件事情。一个精明的管理者应该把它迅速找出来，并抓紧做长补齐，否则它带给你的损失可能是毁灭性的。很多时候，往往就是因为一个环节出了问题而毁了所有的努力。

# 如何确定长短

不言而喻，每个人、每个企业都有自身的弱点。对于某些人是轻而易举的事情，对于另一些人可能比登天还难。如果这些弱点干扰了优势的发挥，就需要想出一些策略来找到它们，并控制它们。

那么，如何寻找短板呢？

这首先取决于我们如何界定木板的长度，判断什么样的木板才是短板。对于企业来说，确定短板需要考虑以下几个方面的因素。

首先，确定木板的长短不是与企业自己相比，而是通过与竞争对手相比来确定的。如果企业的短板与自己相比有点短（假设其他都是长板），而与竞争对手相比却不短，则企业的短板可以不叫短板。

1990年，美国国家药品监督管理局规定：美国将在几年内全面使用药用丁基橡胶瓶塞替代药用天然胶塞。其市场需求量将为 240 亿只 / 年，而当时美国的生产能力还不足 10 亿只 / 年。

因此，美国一家私营企业耗资 2000 万美元建设了一条药用丁基橡胶瓶塞生产线。此前，它不但没有涉足过该行业，甚至连一台生产设备都没有见过，更提不上有技术人员了。对于这家企业来说，所有这些都可以称得上是短板。

然而，正是由于当时的正确决策，现在这个私营企业的产品已经出现了严重供不应求的局面，眼下又在投入巨资进行续建。目前，这个企业同样面临着技术、人才、地理位置等许多棘手的问题，但是，到目前为止，这些问题还没有从根本上影响企业的赢利能力，企业已经从一个行业新兵发展成为行业领跑者。

其次，短板需何时加长也并不取决于本企业，而是同样取决于竞争对手。

20 世纪 20 年代，福特公司面对供不应求的汽车市场曾高傲地宣称：福特只生产黑色轿车！其无视市场多元化需求的霸气和傲气就是一个亟需加长的短板，然而，有趣的是，福特公司的这种短板并没有从本质上影响其发展。不过，随着竞争对手的日益强大，市场竞争的不断加剧，福特公司早已加长了自己的这块短板，现在他们甚至郑重宣布：生产线上的工人有权在产品不合格时行使拉闸停产的权力。

由此看来，短板的存在具有一定的时间性和相对性，而且时间性和相对性都是针对竞争对手的同类短板或同类长板而言的，而不是针对自己的长板。

只要竞争对手的短板比你自己的短板还要短，或者竞争对手的短板变成长板的时间比你的短板变成长板的时间还要长，那么，你的短板就有存在的合理性，就有存在的价值，甚至就不应该称其为短板。

# 世上什么事最难

发现自己的弱点比设法努力克服它还要难。理由繁多，因人而异，但是，所有这些理由都源于两点：害怕发现弱点，害怕认识真实的自我。

对于许多人来说，对自身弱点的害怕压倒了对自身优势的信心。如果把生活比作一场纸牌游戏，我们每人手中既有优势牌，也有弱势牌，但是我们大部分人认定弱势压倒优势。例如，如果我们擅长推销，但不擅谋略，我们一定会关注谋略方面的欠缺，因为我们认定，不擅谋略总有一天会坏我们的事！如果我们擅长建立良好关系，但不擅表达，我们就会报名参加演讲培训班，因为演讲是成功的必要条件！

此外，每个人都害怕真实的自我，他们不想在别人面前被批驳得体无完肤，原形毕露，他们都力图自觉不自觉地进行掩饰，使自己和别人的行为看起来合情合理，总是想方设法为这些行为寻找合理的理由。

一旦找到足够的原因，人们就很少继续深究下去。而且，在寻找原因时，人们总是先找那些显而易见的外在原因，如果外部原因足以对行为做出解释时，人们一般就不再去寻找内部原因了。对于自身的缺点和错误，人们都会在他人身上寻找原因，而极少去追究自己的责任。于是，每一次可以改正自己的机会，都这样被忽略了。

对于企业来说，"短板"就更不容易被觉察了，因为企业职能的分割，使得企业内部的管理人员会对容易暴露的"短板"采取惯性的保护，企业的最高决策者并不一定可以了解到真正的情况。

假如一个销售副总裁或者地区销售经理准备去下属部门走访，并提前数周将这一消息告诉了下属部门的主管人员，也许这位销售经理觉得自己应该事先给他们打个电话通知一下。于是该下属部门的主管们就挑选了一些喜欢该公司的客户参加活动，最终这位经理没有从走访中了解到任何东西就离开了。

# 敢于自我揭短

任何一家企业，都不可能做到尽善尽美，都或多或少地存在着某些"短处"，比如产品质量会有小问题，企业管理会存在漏洞等等。对于这些"短处"，有些领导往往不屑一顾，甚至误以为"自我揭短"是丢人现眼，于是将其捂在内部，藏起来，冷处理。如此下去，"短处"势必会掩盖住"长处"，成为危及企业的"炸弹"，最终给企业带来灭顶之灾。

美国亨利食品公司总经理亨利·霍金士先生有一天突然从化验报告单上发现，他们生产的食品配方中起保鲜作用的添加剂的毒性虽然不大，但长期服用对身体有害。倘若悄悄从配方中删除添加剂，又会影响产品的鲜度；如果公布于众，则会引起同行们的强烈反对。经过再三思虑，他毅然向社会宣布：防腐剂有毒，对身体有害。

亨利·霍金士先生的话一出口，所有从事食品加工的老板便立刻联合起来，用一切手段向他反扑，指责他别有用心——打击别人，抬高自己！他们迅速联合起来共同抵制亨利公司的产品，亨利公司一度到了濒临倒闭的边缘。

这场争论持续了整整 4 年。出人意料的是，亨利公司在近乎倾家荡产时，名声却家喻户晓，不但得到了政府支持，产品也成了人们放心购买的热门货。原因似乎很简单——亨利公司是第一个坦诚为顾客着想的公司，是第一个像朋友一样把自己的"短处"晾出来的公司。

此后，亨利公司在很短的时间内便恢复了元气，规模也扩大了两倍，一举坐上了美国食品加工业第一把交椅。

世界 500 强的企业无疑是最为成功的，但这并不表明他们的管理就是完美无缺的，只要企业在向前不断发展着，谁都不可能做到尽善尽美。它们或多或少地都存在着某些"短处"，一个优秀的管理者，必须善于发现自己负责管理的系统中的"短木板"，敢于揭短，善于补短，才能大大提高工作效率和经济效益。

企业的揭短行为能激发、鞭策员工自觉地从自身做起，增加责任感，再辅之以有力的整改措施，又会使"短处"越变越小，甚至消失，使得自身在本行业中不断进步并取得长足发展，从而在国际竞争中站稳脚跟，立于不败之地。

# 短板在哪里

任何一个区域都有"最短的木板"，它有可能是某个人，或是某个行业，或是某件事情。作为一个精明的管理者应该把它迅速找出来，并抓紧做长补齐，否则它带给你的损失可能是毁灭性的。很多时候，往往就是因为一个环节出了问题而毁了所有的努力。

对于个人来说，下面的弱点是人们最有可能出现的短板。因此，每一个人都应该问问自己："我是否存在着这些缺点，它严重吗？"

## ——恶习

毫无疑问，不良的习惯可以说是每个人最大的缺陷之一，因为习惯会通过一再的重复，由细线变成粗线，再变成绳索，再经过强化重复的动作，绳索又变成链子，最后，定型成了不可迁移的不良个性。

人类时时刻刻都在无意识中培养习惯，这是人的天性。因此，我们仔细想一想，我们平时正在培养哪种习惯？因为我们都受习惯潜移默化的影响，都要臣服于习惯之下，最终，习惯可为我们效力，也可拖我们的后腿。

诸如懒散的习惯、看连续剧的习惯、喝酒的习惯以及其他各种各样的习惯，有时要束缚、控制我们大量的时间，而这些无聊的习惯占用的时间越多，留给我们自己可利用的时间就越少。这时的不良习惯就像寄生在我们身上的病毒，慢慢地吞噬着我们的精力与生命，这时的习惯就成了一个人最大的缺陷，成了阻碍个人成功的主要因素。

有些人，已被习惯束缚，已经成为习惯的奴隶，碰到任何事情，都想把它们嵌进习惯的框框中，这样怎么能够想出新奇的思路呢？怎么能够产生独特的想法呢？这时的习惯就像寄生在我们大脑里的肿瘤，阻止我们思考与创新；如果任何事都变成习惯性，渐渐地，就会失去探索和寻求更好方法的欲望，这时习惯就成了惰性的别名。

所以，习惯有时是很可怕的，习惯对人类的影响，远远超过大多数人的理解，人类的行为 95% 是通过习惯做出的。事实上，成功者与失败者之间唯一的差别在于他们拥有不一样的习惯。而一个人的坏习惯越多，离成功就越远。


## ——犯错

通常人们都不把犯错误看成是一种缺陷，甚至把"失败是成功之母"当成自己的至理名言。但在以下两种情况下犯错误是一种缺陷。

### 1. 不断地在一个问题上犯错误

如果一个人在同一个问题上接连不断地犯错误，比如健忘，这是任何一个成功人士都不能容忍的。一个不会在失败中吸取教训的人是不配把"失败是成功之母"挂在嘴边的。不管是否具备吸取教训的意识还是能力，它都是一个人获取成功道路上的致命缺陷。

### 2. 犯错误的频率比别人高

不管是在学习还是在工作中，某些人犯错误的频率总是比一般人高。他们做事情总是马虎大意、毛毛躁躁。对他们而言，把一件事做错比把一件事做对容易得多，而且每当出现错误时，他们通常的反应都只是："真是的，又错了，真是倒霉啊。"

把犯错归结为倒霉是他们一向的态度，或许他们没有责任心，做事不够仔细认真，或许他们没有找到做事的正确方式，但无论出于哪一点，如果他们没有改正错误，这都将给他们的成功带来巨大的障碍。


## ——妒忌

妒忌是人类最普遍、最根深蒂固的感情之一。妒忌者希望别人遭受不幸，只要不受惩罚，有时甚至会付之于行动。但他自己也会因为妒忌而遭受到不幸，他不是从自己拥有的一切里汲取快乐，而是从他人拥有的东西中汲取痛苦。

人在童年时代遭遇的不幸大大刺激了妒忌心的形成。我们可以明显地看到，儿童还不满一岁就有了这种心理，如果你对一个幼儿冷落，而对另一个幼儿表示出明显的偏爱，那一刻就会被另一个幼儿看到，并会引起这个孩子的憎恨。只是儿童在表露自己的妒忌和猜忌情感方面，比成年人稍稍公开一些。

妒忌是最为可叹可悲的。只要有妒忌存在，那么它对任何美德，甚至对最有用的特殊技巧的发挥都是致命伤害。如果任凭妒忌的热情肆意泛滥，整个社会、整个世界都不会安宁。

## ——贪婪

有一群猴子喜欢偷吃农民的大米，而它们又是一种很难捕捉的动物。多年来，人们想尽办法，用装有镇静剂的枪去射击，或用陷阱去捕捉它们，但都无济于事，因为它们的动作实在太快了。后来，人们去请教生物学家。生物学家于是根据这种猴子的习性找到了一种捕捉猴子的巧妙方法。

他把一只窄瓶口的透明玻璃瓶固定在树上，再放入大米。到了晚上，猴子来到树下，就把爪子伸进瓶子去抓大米。这种瓶子的妙处就在于猴子的爪子刚刚能够伸进去，等它抓一把大米后，由于握着拳头，爪子却怎么也抽不出来。而那个瓶子又系在树上，使它无法拖着瓶子走。贪婪的猴子十分顽固——或者是太笨了——始终不愿意放下已到手的大米。就这样，第二天，当生物学家把它抓住的时候，它依然不愿放手。

其实，在人生的道路上，许多人往往都会与猴子犯同样的错误，由于太看重眼前的利益，该放弃时不能放弃，结果铸成大错，甚至悔恨终生。想一想，世界上有多少人为了钱财，夫妻离异、兄弟反目？有多少人为了升官发财，朋友相残、同事相害？又有多少人为了贪欲而被厄运的玻璃瓶捉住呢？

那么，是什么原因使自以为聪明的人，变得像猴子一样愚蠢呢？每个人都可能会罗列出一系列的理由，不过，真正的也是唯一的原因就是：贪欲的膨胀！贪欲的膨胀，使简单变得复杂，轻松变得沉重，最后越陷越深，困在无法自拔的泥潭中。

如果一个人总是在欲望的世界里徜徉徘徊，那么他绝不是自己的主人，他离奴隶状况也只有一步之遥。这些人可能既没有高尚的品质，也不会实施任何善行。一个一心只想着贪欲而意识不到高尚力量的人，即使腰缠万贯，也始终只能是一个非常可怜的生物。

人类其实是很聪明的，但是，在面对利益诱惑时又往往是不理性的。人有时太贪婪，所以毁了大好前程；有时明知是圈套，却因为抵御不住诱惑而落入陷阱。很多时候他们不是败给自己的聪明，而是败给自己的贪欲。

因此，人仅有聪明是不够的，还需要用理智驾驭自己的贪欲，在面临危机时要果断地松开抓着"大米"的手。其实，如果我们能够放弃眼前的私利，一定会认清那些潜在的危险。

## ——自卑

自卑，可以说是一种性格上的缺陷，表现为对自己的能力、品质评价过低，同时可伴有一些特殊的情绪体现，诸如害羞、不安、内疚、忧郁、失望等。

经常遭受失败和挫折，是产生自卑心理的根本原因。一个人经常遭到失败和挫折，其自信心就会日益减弱，自卑感就会日益严重。自卑的产生会抹杀掉一个人的自信心，本来有足够的能力去完成学业或工作任务，却因怀疑自己而失败，显得处处不行，处处不如别人。由于自卑的情绪影响到了生活和工作，所以给人的心理、生活带来的不良影响亦很大。

## ——忧虑

卡瑞尔是一个很聪明的工程师，他开创了空气调节器的制造业，现在是纽约州瑞西世界闻名的卡瑞尔分公司的负责人。

年轻的时候，卡瑞尔在纽约州牛城的水牛钢铁公司做事。他必须到密苏里州水晶城的匹兹堡玻璃公司——一座花费好几百万美金建造的工厂，去安装一架瓦斯清洁机，目的是消除瓦斯里的杂质，以便瓦斯燃烧时不至于损伤到引擎。这种清洁瓦斯的方法是新方法，以前只试过一次。当他到密苏里州水晶城工作的时候，很多事先没有想到的困难都发生了。经过一番调整之后，机器可以使用了，可是成绩并不能好到他所保证的程度。

卡瑞尔对自己的失败非常吃惊，觉得好像是有人在他头上重重地打了一拳。他的胃和整个肚子都开始涌动起来。有好一阵子，他担忧得简直没有办法睡觉。

最后，他觉得忧虑并不能够解决问题，忧虑的最大坏处，就是会毁了我们集中精神的能力。在我们忧虑的时候，我们的思想会到处乱窜，而丧失对所有事情做决定的能力。当然，万幸的是他最终走出了忧虑，不然也不会有他如日中天的现在。

## ——懒惰

在我们的现实生活中，多数人天生是懒惰的，都尽可能逃避工作。他们大部分没有雄心壮志和责任心，宁可期望别人来领导和指挥，也不肯个人奋斗，就算有一部分人有着宏大的目标，也缺乏执行的勇气。

懒惰会吞噬人的心灵，使自己对那些勤奋之人充满了嫉妒。懈怠会引起无聊，无聊也会导致懒散。许多人都抱着这样一种想法，我的老板太苛刻了，根本不值得如此勤奋地为他工作。然而，他们忽略了这样一个道理：工作时虚度光阴会伤害你的雇主，但伤害更深的是你自己。一些人花费很多精力来逃避工作，却不愿花相同的精力努力完成工作。他们以为自己骗得过老板，其实，他们最终愚弄的却是自己。

对一位渴望成功的人来说，拖延最具破坏性，也是最危险的恶习，它使人丧失进取心。一旦开始遇事拖拉，就很容易再次拖延，直到变成一种根深蒂固的习惯。习惯性的拖延者通常也是制造借口与托词的专家。如果你存心拖延逃避，你就能找出成千上万个理由来辩解为什么事情无法完成，而对事情应该完成的理由却想得少之又少。把"事情太困难、太花时间"等种种理由合理化，要比相信"只要我们更努力、更聪明、信心更强，就能完成任何事"的念头容易得多。

## ——马虎

一位伟人曾经说过："轻率和疏忽所造成的祸患将超乎人们的想象。"许多人之所以失败，往往因为他们马虎大意、鲁莽轻率。

在宾夕法尼亚州的一个小镇上，曾经因为筑堤工程质量要求不严格，石基建设和设计不符，结果导致许多居民死于非命——堤岸溃决，全镇都被淹没。建筑时小小的误差，可以使整幢建筑物倒塌；不经意抛在地上的烟蒂，可以使整幢房屋甚至整个村庄化为灰烬。

在公司中，许多员工做事不够精益求精，只求差不多。尽管从表面上看来，他们也很努力、很敬业，但结果总无法令人满意。那些需要众多人手的企业经营者，有时候会因员工无法或不愿意专心去做一件事而很无奈。漠不关心、马马虎虎的做事态度似乎已经变成习惯，除非苦口婆心、威逼利诱，否则，他们很难一丝不苟地把事情做好。

# SWOT 分析

SWOT 分析法，是一种很实用的找到自我价值的工具。SWOT 实际上是四个英文单词 Strengths（长处）、Weaknesses（短处）、Opportunities（机遇）、Threats（威胁）第一个字母的缩写。

### 1. 明确自身优势

首先是明确自己能力的大小，给自己打打分，看看自己的优势和劣势，这就需要进行自我分析。通过对自己的分析，找到自身的优势。

要找到自己最成功的是什么。你做过很多事情，但最成功的是什么？为何成功，是偶然还是必然？是否自己能力所为？通过对最成功事例的分析，可以发现自我优越的一面，譬如坚强、果断、智慧超群，以此作为个人深层次挖掘的动力之源和魅力所在。

## 2. 发现自己的不足

人无法避免与生俱来的弱点，必须正视，并尽量减少其对自己的影响。譬如，一个独立性强的人会很难与他人默契合作。而一个优柔寡断的人绝对难以担当组织管理者的重任。卡耐基曾说："人性的弱点并不可怕，关键要有正确的认识，认真对待，尽量寻找弥补、克服的方法，使自我趋于完善。"

因此，你应该注意安下心来，多跟别人好好聊聊，尤其是与自己相熟的如父母、同学、朋友等人交谈。时常检查一下自己的缺点，看看别人眼中的你是什么样子，与你的预想是否一致，找出其中的偏差，这将有助于自我提高。比如，自己对人是不是还是那么冷漠，或者还是那么言辞犀利。这些缺点在单兵作战时，可能还能被人忍受，但在团队合作中，它将会成为你进一步成长的障碍。

检查经验与经历中所欠缺的方面。"金无足赤，人无完人"，由于自我经历的不同，环境的局限，每个人都无法避免一些经验上的欠缺。有欠缺并不可怕，怕的是自己还没有认识到或认识到而一味地不懂装懂。正确的态度是：认真对待，善于发现，并努力克服和提高。

如果你意识到了自己的缺点，不妨就在某次讨论中，将它坦诚地讲出来，承认自己的缺点，让大家共同帮助你改进，这是最有效的方法。承认自己的缺点可能会让你感到尴尬，但你不必担心别人的嘲笑，你只会得到他们的理解和帮助。

### 3. 寻找机遇，规避危机

"机遇"与"威胁"要求人们更加关注外部环境可能带来的影响。毕竟"像企业一样经营自我""将自身看作是一种产品""寻找自己的卖点"，这一切的一切都离不开市场。只有找到你的优势与市场潜在机遇之间的契合点，规避掉可能会对你发展产生不利的潜在市场威胁，你才能得到更好的发展。

需要强调的一点是，这里所说的"机遇"和"威胁"不一定是那些非常宏观层面的东西，而是一些很具体的内容。比如说你现在在一家小公司工作，你就可以用这种二分法分析：小公司带来的"机遇"可能包括学习机会更多、工作气氛更融洽、发展空间更大、与老板私交更好等等。

通过这样一种分析，你可能会对自己及自身工作的现状有更深的了解，这对你寻找缺点，克服短板将大有裨益。

# 倾听下属的声音

美国芝加哥市郊外的霍桑工厂是一个制造电话交换机的工厂，具有较完善的娱乐设施、医疗制度和养老金制度等，但工人们仍然愤愤不平，生产状况也很不理想。

为探求原因，1984年11月，美国国家研究委员会组织了一个由多个领域的专家参与的研究小组，在该工厂开展一系列实验研究。这一系列试验研究的中心课题是生产效率与工作的物质条件之间的相互关系。

这一系列实验研究中有个"谈话实验"，即用两年多的时间，专家们找工人个别谈话两万余人次，并规定在谈话过程中，必须耐心倾听工人对厂方的各种意见和不满，并做详细记录；对工人的不满意见不准反驳和训斥。没想到，这一"谈话实验"收到了意想不到的效果：霍桑工厂的产量大幅度提高。

密歇根大学社会研究院的研究员也发现，凡是公司中有对工作发牢骚的人，这家公司一定比没有这种人或把牢骚埋在肚子里的人的公司成功得多。

为什么会出现这种现象呢？

道理其实很简单，牢骚源于不满，把不满发泄出来，就可以让管理者发现经营中存在的种种问题，从而着手解决，事业自然就会成功得多。

一般来说，人们都喜欢听好话，对于批评是不容易接受的，所以有些部属为了讨好上司，往往只讲好话，领导者因此很难听到部属的真正意见。对于这样的企业来说，表面上歌舞升平，实则暗藏风险。实际上，挑剔、发牢骚是关心企业的表现，如果一个人对什么都不在乎了，他也就不会挑剔和发牢骚了。

如果一个企业对员工的建议和观点不加理睬，甚至傲慢轻视，不仅会造成管理者决策上的失误，还会严重挫伤员工的积极性，降低员工的工作热情。长此以往，就有可能使企业这根链条上刚刚产生硬度的环节再次疲软。

只有努力发现问题才是解决问题的第一步，没有这可贵的一步，就谈不上问题的解决和企业的进步。在企业里，只有敢于让员工向领导挑战、阐明个人观点的精神，才能造就一支超强的员工队伍。

一个经营者若不明白自己什么地方不对，什么地方需要改进，就应该鼓励部属对自己、对企业提出批评，并坦然地接受部属的意见，积极改正，这才是一位领导者所应具备的基本素质。因此，一个聪明的管理者应善于从挑剔和牢骚中"掘宝"，以便发现对企业发展的真知灼见。

# 批评和自我批评

反思越深刻，发现自己身上的问题就越多，改正就有了明确的方向。自省是一个人的优良品质，通过自省，可使性格更趋于完善，更趋于稳定，这是一个智者寻找弱点、修养自己的必由之路。

有一次，原一平去拜访一家名叫"村云别院"的寺庙。

"请问有人在吗？"

"哪一位啊？"

"我是明治保险公司的原一平。"

原一平被带进庙内，与寺庙的住持吉田和尚相对而坐。

老和尚一言不发，很有耐心地听原一平把话说完。

然后，他心平气和地说："听完你的介绍之后，丝毫引不起我投保的意愿。"

停顿了一下，他用慈祥的双眼注视着原一平很久很久。

他接着说："人与人之间，像这样相对而坐的时候，一定要具备一种强烈的吸引对方的魅力，如果你做不到这点，将来就没什么前途可言了。"原一平刚开始并不明白这话中的含义，后来逐渐体会出其中的含义，只觉傲气全失，冷汗直流，呆呆地望着吉田和尚。

老和尚又说："年轻人，先努力去改造自己吧！"

"改造自己？"

"是的，你知不知道自己是一个什么样的人呢？要改造自己首先必须认识自己。"

"认识自己？"

"是的，赤裸裸地注视自己，毫无保留地彻底反省，然后才能认识自己。"

"请问我要怎么去做呢？"

"就从你的投保户开始，诚恳地去请教他们，请他们帮助你认识自己。我看你有慧根，倘若照我的话去做，他日必有所成。"

吉田和尚的一席话，就像黑夜中的一盏明灯，为原一平指明了道路。

人连自己都不认识，谈何去说服他人，要做就从改造自己开始做起。每个人最大的敌人都是他自己。人们经常不能发现自己的缺点，一味地自我膨胀，到头来只会自欺欺人。

人们失败的最主要原因就在于不能改造自己，认识自己。原一平听了吉田和尚的提醒后，决定做一个彻底的反省。他举办原一平批评会，每月举行一次，每次邀请5个客户，向他们征求意见。

第一次批评会就使原一平原形毕露：

——你的脾气太暴躁，常常沉不住气。

——你经常粗心大意。

——你太固执，常自以为是，这样容易失败，应该多听别人的意见。

——你太容易答应别人的托付，"轻诺者必寡信"。

——你的生活常识不够丰富，所以必须加强进修。

原一平记下别人的批评意见，随时提醒自己，并努力改进。从1931年到1937年，"原一平批评会"连续举办了6年。

原一平觉得最大的收获是：把暴躁的脾气与永不服输的好胜心理，引导到了一个正确的方向——发挥自己的长处，并把自己的缺点变成优点。

原一平曾为自己矮小的身材懊恼不已，但身材矮小是无法改变的事实。后来想通了，克服矮小最好的方法，就是坦然地面对它，让它自然地显现出来，后来，身材矮小反而变成了他的特色。

原一平早就意识到他自己最大的敌人不是别人，正是他自己，所以，原一平不会与别人比，而是与自己比。每天通过接受批评和自我批评，原一平不断挖掘自己的弱点，又不断改正自己的缺点。

# 借用外脑

很多时候，由于当局者迷，人们往往很难发现自己的缺点和不足。对于企业也是一样，企业的经营者也很难发现企业中存在的问题。这时，最好的方法就是借用外脑。

借用外脑诊断，其优点是客观公正，正所谓"旁观者清"，此外，专业性的独特视角也是人们邀请外脑（咨询机构）进行诊断的主要原因。

第二次世界大战以后，美国政府与议员面临前所未有的复杂格局与经济困境，决策、议案常常被社会公众所关注和批评。这促使他们向社会咨询方案，购买各种建议。

与此对应，"脑库"便顺应市场需求而产生了，其基本特征，一是拥有一个综合性的专家群体及进行深入分析研究的信息平台；二是服务对象的社会性和市场化。

在西方发达国家，"脑库"在经济发展中的作用非常明显。对于半个世纪来一直高踞全球十大"脑库"之首的兰德公司，美国《商业周刊》曾经做出这样的评论："美国商业成就的背后闪耀着兰德智慧的荣光。"这一评论既是对兰德公司所获业绩的褒扬，也表明美国社会经济的发展对于"脑库"的倚重程度。

世界范围"脑库"的兴起是在第二次世界大战与冷战时期。以美国来说，战争中，美国政府动员大量的学院知识分子参与军事与政治研究，当时被称为一元教授，即政府只象征性地支付一元年薪。

由于研究结果能在实战中检验，知识分子能力的高下迅速得到了反馈。例如著名的兰德公司，以研究美国空军各种武器效率与战争战略的效果良好而受到重视。战后，这批知识分子带着这种研究性质的"实战经验"加入公司或成立独立的咨询公司。

对一个经营者来说，一方面或许对组织的任何事情（包括错误）都已经习惯，另一方面，他们只能关注像战略决策这样的大问题，这些都迫使他们很难去关注细节，寻找不足。

所以，与美国政府类似，腰缠万贯、在市场环境里横刀立马的企业家和老板，也要善于借助外界的力量，在某些方面得到外脑（咨询人）的专业帮助，打破内部的部门壁垒，正确识别企业的"短板"所在，甚至要以咨询人为师，请教咨询人。只有这样，才能找到弥补和提升企业短板的正确方法，弥补各方面的漏洞。

# 自我诊断

面对错综复杂的经营环境，针对企业本身的病症弱点，自我诊断也是所有企业找短的一种重要方法。

从本质上讲，企业的管理过程就是企业纠错的过程。早在 20 世纪 80 年代，美国的企业就对自我诊断、无差错管理情有独钟，它们在改善企业经营，提高经济效益上的作用都十分明显，后来的六西格玛管理就是从无差错管理演变而来。

企业不断超越现状需要有问题意识。没有问题意识，我们就找不到企业的弱点和风险所在，长期发展更无从谈起。一个人重视健康就会重视自身保养，一台精密的机器常需要维护，所以，公司的诊断应该是企业管理的一项常规任务。

公司自我诊断不仅具有自发性质，而且还应具有持续的特点。在这个意义上，自我诊断功能是任何咨询公司不能替代的。当然公司自我诊断存在的最大问题是"灯下黑"，也即所谓"不识庐山真面目，只缘身在此山中"。这种现象我们称之为"信息屏蔽"。但公司的经营管理是一个动态的过程，公司管理者如果知道如何自我诊断，可能对公司的发展更为有效。

企业犹如人体，必然会有生、老、病、死的现象。人死不能复生，可是企业只要维持经营的青春活力，就能反败为胜，甚至起死回生。国外已有很多企业利用 CMCP 经营诊断系统，只需 90 分钟就可进行自我诊断并制定具有可操作性的对策。CMCP 是 Creative Management Consulting Program 的简称，是一种独创性的管理顾问规划技巧。它通过检测经营机能，进行自我诊断，并针对企业本身的病症施予矫正补强的药方，从而增强企业的经营体质。

企业进行自我经营诊断时，必须留意企业本身是否有下列的缺点：

1. 企业的运营策略及经营方针不明确，而且运营策略未能有效传达至公司全体员工。

2. 是否明确表达公司的经营战略、管理战术及行动纲领。

3. 企业内组织架构、系统运作以及沟通协调渠道错综复杂，权责划分不清。

# 系统思考

从前有一位地毯商人，看到他最美丽的地毯中央隆起了一块，便把它弄平了。但是在不远处，地毯又隆起了一块，他再把隆起的地方弄平。不一会儿，在一个新地方又再次隆起了一块。如此一而再、再而三地，他总是试图弄平地毯，直到最后他拉起地毯的一角，一条生气的蛇溜出去为止。

过路人看到一位醉汉在路灯下，跪在地上用手摸索。原来醉汉正在找自己房屋的钥匙，便想帮助他，问道："你在什么地方丢掉的呢？"醉汉回答是在他房子的大门前掉的。过路人问："那你为什么在路灯下找？"醉汉说："因为我家门前没有灯。"

素来销售领先的公司，可能发现随后某一季的销售锐减；而有些城市政府官员查获大宗毒品走私后，却爆发更多与毒品有关的犯罪活动。

对于管理者来说，同样的现象也一再地发生。如果生产线发生问题，我们在生产方面找寻原因；如果销售人员不能达成目标，我们会认为需要以新的销售诱因或升迁来激励他们；如果住房不够，我们会建造更多的房屋。

为什么在上述事例中，我们找不到问题的答案，发现不了事物的症结，寻找不到木桶的短板呢？

这是因为，在复杂的系统中，事实真相与我们习惯的思考方式之间，有一个根本的差距。缩短这个差距的第一步，就是要进行系统性的思考。

系统本质上是处于一定环境中的、相互发生关系的各组成部分的总体。系统思考的管理观念是指管理主体自觉地运用系统理论和系统方法，对管理要素、管理组织、管理过程进行系统分析，旨在优化管理的整体功能，从而取得较好的管理效果。

系统思考的层次主要有以下三个：

第一，事件层次上的思考。这一层次的思考往往是局限思考，常导致专注于个别的条件，而采取反应式的行为，或归咎于外部因素等。

第二，行为变化层次的思考。能顺应变化中的趋势，但容易造成学习障碍，如从经验中学习，或学而不做等。

第三，系统结构层次的思考。能改造行为的变化形态，超越了事件层次和行为层次的局限，专注于解释是什么造成行为的变化。例如：对于制造和销售为一体的企业，系统结构层次的观点必须显示发出的订单、出货、库存的变动，从中寻找存货不稳定的解决方案。

系统思考为组织提供了一个健全的"大脑"、一种完善的思维方式，个人学习、团体学习、检视心智模式、建立愿望，都是因为有了系统思考的存在，从而关联在一起，成为整个健全大脑不可缺少的部分。因此，系统思考是发现问题，寻找短板的一种有效方式。

有些缺陷和不足一般来源于系统内部的损坏，而且造成缺陷的因素很早就已存在，是长时间形成的。所以，这种缺陷和不足比较难以挽回，并且在短时间内难以得到根本性的改善。对于这种缺陷，最好的办法就是进行除短。

## 不可修补的木板

1993 年，乔·图斯从优力系统公司来到王安电脑公司，开始为这家曾经辉煌一时的企业收拾残局。面对残局，通晓法律的乔·图斯首先向美国联邦法院申请破产保护，并利用美国破产保护法第十一章，在各方债权人之间周旋，为王安的复兴争取到时间和资源。

同时，他领导公司从大型电脑制造商向网络技术服务公司转型，为客户提供解决方案，使王安电脑公司率先触及网络 IT 业务。乔·图斯认为，当时的王安电脑公司如果继续做小型电脑制造商，根本就没有生存下去的可能，而资金和相关技术的缺乏，又使它无法进入竞争激烈的 PC 机制造领域；充分发挥企业原有的服务优势向 PC 机用户和使用 PC 机网络的用户提供服务，才可能是企业起死回生的契机。

为此，乔·图斯把王安公司绝大部分的老业务部门低价抛售（其高潮是 1994 年把整个软件部门出售给柯达公司）；

从 1995 年到 1999 年，乔·图斯连续并购了 10 家公司，其中以 3.9 亿美元收购意大利 Olivetti 电脑公司信息技术分部最为得意，它使王安电脑公司成了一个全球性的信息业服务提供企业，公司也因此改称为"王安全球"。

即使进行了一连串的收购行动，最终也没能拯救王安公司。1999 年 7 月，王安公司被荷兰阿姆斯特丹著名的 IT 服务企业 Getronics NV 公司收购。

美国某农用柴油机公司一直以良好的产品质量著称，企业上下也一直引以为豪，但是近年来由于行业竞争压力大，企业专心于市场建设而忽视了对生产现场的管理，同时又忽视了对采购体系的控制，造成企业产品质量逐渐滑坡。

2003 年春季的销售旺季，客户投诉率开始大幅上升，市场信誉度严重下降，在下半年 8 月开始的销售旺季中，因为质量问题造成的市场负面影响已经严重地影响了产品的销售，质量危机大规模爆发。这时，虽然企业领导者进行了一系列的弥补行动，但市场已经不再认可，企业只能面临停产的境地。

为什么乔·图斯挽救不了王安电脑，柴油机公司不能起死回生呢？表面上是决策失误和质量危机，实际上是企业整个决策和质量控制系统逐渐失效，危机不过是这种渐进过程的集中爆发，它实际上是一种结构性危机。

结构性危机一般来源于内部系统的损坏，造成危机的因素很早就在企业中存在，一般都是企业的某项管理功能的实质性失效。

一般来说，结构性危机比较难以挽回，因为结构性缺陷是长时间形成的，在短时间内难以得到根本改善，就像"亡羊补牢"的故事中丢失的羊一样很难找回。这时，进行除短，让企业被收购、重组和破产或许是最好的选择。

# 减少组织的层次

一根链条与它最薄弱的环节有着相同的强度，链条越长，就越薄弱。对于企业来说，提高链条强度有两种方法：一是提高每节链条的强度，二是减少链条的长度。

在企业经营中，管理者在注重人员管理，提高链条强度的同时，也应该洞察企业的各个机构是否臃肿，减少组织中过多的环节。一旦发现机构臃肿，应及时减肥，否则，就像一个患肥胖症的人参加长跑一样，没跑几步便会累得气喘吁吁。

就一个企业来讲，如果有两三个部门人员过多，势必造成工作散漫、相互推诿的结果，业绩自然也就无从谈起。《财富》杂志曾对431家公司进行经营组织阶层的调查，其结果是：在不满300人的公司中，组织阶层最多的有9个阶层；300人至1000人的有14个阶层；1000人至5000人的有11个阶层；5000人以上的大公司有10个阶层。几乎每家公司的组织阶层都很多。

　　阶层增多的原因，主要是因为很多公司实施所谓的"严密管理"。由于每一个人所承担的工作幅度变得非常狭小，这必然导致阶层的增加。同时给有功人员安排职位，也会增加组织的阶层。

　　传统的经营理论认为，无论公司大小，都无须设置6个以上的阶层。但是，这种情况最近已经完全改变，由于目标管理的导入，电脑的发达与管理技术的开发，直接管理过多的下属已不成问题。因此，以前的"管理幅度原则"已经落伍了。

　　美国西亚斯·罗巴克百货公司率先认识到这种新型管理模式的方便与实用，于是在众多连锁销售商店选择了20家分店进行实验。在选择的20家公司中，前10家采用扁平式的组织管理模式，后10家采用阶层式的组织管理模式。

　　最终结果显示，在实施扁平式管理的分店中，时间延迟的情况较为少见，任何事情的处理速度都大大提高了，所以他们各方面的表现都要优于阶层式的组织管理。

# 清除酒中的污水

如果把一杯污水倒入一桶酒中，得到的是一桶污水；如果把一杯酒倒入一桶污水中，得到的也是一桶污水。

对于企业来说，最大的"短板"莫过于有几个极具破坏力的员工了，只有把这些人彻底地从企业中清除出去，才能大大提高组织的工作效率和经济效益。

在任何组织里，都不可避免地存在着几个难弄的人物，他们存在的目的似乎就是为了把事情搞糟。最糟糕的是，他们就像苹果箱里的烂苹果，如果你不及时处理，它就会迅速传染，把苹果箱里的其他苹果也弄烂。

"污水"和"烂苹果"的可怕之处在于它们惊人的破坏力。一个正直能干的人进入一个混乱的部门可能会被吞没，而一个无德无才者能很快把一个高效的部门变成一盘散沙。组织系统往往是脆弱的，是建立在相互理解、妥协和容忍的基础上的，它很容易被侵害、被毒化。

破坏者能力非凡的另一个重要原因在于，破坏总比建设容易。一个能工巧匠花费时日精心制作的瓷器，一头驴子一秒钟就能毁坏掉。如果一个组织里有这样的一头驴子，即使企业拥有再多的能工巧匠，也不会有多少像样的工作成果。如果你的组织里有这样一头驴子，你应该马上把它清除掉；如果你无力这样做，那就应该把它拴起来。

丹尼斯·罗德曼是一个篮球运动员，在他的职业生涯中，他先后效力过五支球队——底特律活塞队、圣安东尼奥马刺队、芝加哥公牛队、洛杉矶湖人队和达拉斯小牛队。除了在湖人队和小牛队罗德曼是混饭吃之外，在前三支球队，罗德曼都有足够的能力"不辱使命"。

1986～1993年，罗德曼在底特律活塞队度过了七个赛季：虽然在兰比尔等人的教导下，他打球不够光明磊落，并且为自己赢得了"坏孩子"的称号，但他尽自己最大的能力为球队做出了贡献，所以底特律活塞队时期的罗德曼，是球队团结稳定、积极向上的一个因素。然而，在1993年，罗德曼转会到马刺队的时候，事情发生了变化：虽然罗德曼的到来使球队变得更加强大，但他的特立独行、唯我独尊让马刺队吃尽了苦头。

他最"不耻"的有三类人，或者说他把这三类人看成自己的敌人：首先是戴维·斯特恩——NBA的总裁。因为斯特恩要维护NBA的形象，不允许罗德曼为所欲为，对罗德曼的很多行为都会给予处罚。这让罗德曼很不高兴，他认为斯特恩干涉了他的自由，所以他就要和他对着干。

第二类人是马刺队当时的主教练希尔，以及对球队指手画脚的球队总经理波波维奇。因为，他们希望驯服罗德曼，使罗德曼听从指挥，在球场上更大地发挥作用。但当时的罗德曼已经获得了两个总冠军，自视极高，他甚至希望教练听从他的指挥，这种矛盾便不可调和了。

第三类人是戴维·罗宾逊等球员。罗宾逊是马刺队的绝对核心和精神领袖，工资比罗德曼高很多。但罗德曼认为罗宾逊是高薪低能，在关键比赛中总会"拉稀"。反而是自己这种能"左右"比赛胜负的选手不受重用，挣的钱还很少。事实上，罗德曼无论在活塞队，还是在马刺队，以及在公牛队，他挣的钱都不和他的名声成正比。

在这种思想指导下，罗德曼成为球队中的不稳定分子，也可以说是一个破坏者。在1994～1995赛季季后赛的第二轮比赛中，马刺队对阵湖人队的第三场比赛中，罗德曼在第二节被换下场，当时他很不满，在场边脱掉球鞋，躺在记者席旁边的球场底线前。暂停的时候，罗德曼也不站起来，不到教练面前听讲战术。后来，马刺队输掉了那场比赛。

当时，摄像机一直对着罗德曼。球赛节目播出后，马刺队的管理层大为光火，联想到罗德曼平时的所作所为，他们认为罗德曼已经严重影响了球队的团结，于是决定对罗德曼禁赛。在随后的比赛中，马刺队团结一致，将湖人队淘汰出局。

对于团队中的破坏者，最英明的决策就是将他清除出去，或者限制他的行动。

从结果来看，马刺队对罗德曼禁赛的决策是正确的。一个球队也是一个团队，不能因为员工在某一方面突出就可以忽视整个团队的利益，当然，也不能因为他的懒怠而阻碍团队前进的步伐。

# 决不容忍平庸之辈

迁就平庸，已经是我们多年来的"美德"了。一个演员的戏很蹩脚，我们会说"他很努力"；一个画家的作品很拙劣，我们会说"他孜孜不倦"；一个诗人诗歌写得差，我们会说"他是个不错的诗人"；一个运动员比赛成绩很不像话，我们会说"他已经尽力了"。

同样，如果一个下属没有完成自己的任务，我们也会轻易地相信他的一大堆理由。每个人都有分内该做的工作领域和责任，该是谁负责的，就必须由其承担。当你弄清了下属拖延的原因，就该尽快处理，从而避免对下属过分的纵容。

前美国国务卿基辛格博士，就以他能在非常繁忙的情况下，仍然坚持把计划书做到最好而闻名。当一位助理呈递一份计划书给他的数天之后，该助理问他对其计划的意见，基辛格和善地问道："这是不是你所能做的最佳计划？"

"嗯……"助理犹疑地回答，"我相信再做些改进的话，一定会更好。"基辛格立刻把计划书退还给他。

努力了两周之后，助理又呈上了改良后的计划书。几天后，基辛格请该助理到他办公室去。"这的确是你所能建议的最好计划了吗？"助理后退了一步，讷讷地说："也许还有一两点可以再改进一下……也许需要再多说明一下……"

助理随后走出了办公室，肋下挟着那份计划书，下定决心要研拟出一份任何人——包括亨利·基辛格都必须承认的"完美计划"。

这位助理日夜工作三周，甚至有时候就睡在办公室里，终于完稿了！他很得意地，跨开大步走入基辛格的办公室，将该计划呈交给前国务卿。

当他听到那熟悉的问题"这的确是你能做到的最完美的计划了吗"时，他激奋地说，"是的，前国务卿先生。"

"很好！"基辛格说，"这样的话，我有必要好好地读一读了！"

对有效的管理者来说，"不是最好"的计划，就可以不去读它。树立起组织的精神：只有最好、最完善的，才是被期望与接受的，一个人或者一个团队只有好的工作计划才能逐步靠近自己的人生目标。

杰出者有杰出者的人生计划，平庸者当然有继续平庸的权利，但平庸者的声音永远不会成为主流。一个企业、一个团队难免会出现一两个不思进取的员工，怎样处理和解决员工这种不良状态？管理者既不能盲目地把这些人剔除出局，也不能一味地迁就平庸，因为迁就平庸的企业将注定走向衰落，这是每个企业管理者所面临的问题。

# 改变事物的用途

美国柯达公司在制造感光材料时，需要有人在暗室工作。但视力正常的人一进入暗室，犹如司机驾驶着失控的车辆一样不知所措。

针对这种情况，有人建议：盲人已习惯于在黑暗中生活，如果让盲人来干这种工作，定能提高工作效率。于是，柯达公司下令：将暗室的工作人员全部换成盲人，结果不仅提高了生产效率，而且给公众留下了不拘一格"重用人才"的好印象。

柯达公司巧用盲人的举措，给了那些急于"除短"的用人者以重要启示。只要改变事物的用途，也许你就会发现，人们所谓的缺点其实根本就不重要，关键是要做到人尽其才。

在古代的犹太人中盛传这样一个故事：一个犹太人有 5 个儿子，老大老实，老二机灵，老三眼盲，老四驼背，老五跛足。这一家真够凄惨的。但这个犹太人很懂得用人之道，他让老实者务农，机灵者经商，眼盲者按摩，背驼者搓绳，足跛者纺线。结果全家衣食无忧，其乐融融。

这个故事后来还有一个翻版：在19世纪，西班牙有位将军叫肯尼布瓦，他认为军营中没有无用之人。聋人，可以安排他在左右当侍卫，以避免泄露重要军事机密；哑巴，可以派他传递密信，一旦被敌人抓住，除了搜去密信之外，再也问不出更多的东西；瘸腿的人，命令他去守护炮台，坚守阵地，他很难弃阵逃跑；盲人，听觉特别好，命他战前伏地窃听敌军的动静，担负侦察任务。

扬长避短，用人所长，这一点很好理解，也容易做到。而要做到短中见长，善用人短，却不那么容易。事实上，人的长处和短处都是相对的，不是绝对的。对任何一个人来说，没有绝对的长处，也没有绝对的短处，长处和短处是可以相互转化的，此时表现为长处，彼时可能又表现为短处，因此，一个人的长处往往同时也是他的短处，反之亦然。

比方说，某人性格倔强，固执己见，但他同时必然颇有主见，不会随波逐流，轻易附和别人意见；某人办事缓慢，手里不出活，但他同时往往办事踏实细致，有条不紊；某人性格内向、木讷，不善言谈，但他同时可能写得一手好字或锦绣文章；某人性格暴躁，三句话谈不拢就大发雷霆，但他可能办事果断，工作很有魄力，处理棘手问题很是拿手，"快刀斩乱麻"；有人性格不合群，经常我行我素，但他同时可能有诸多发明创造，甚至硕果累累。

肯尼布瓦的用人之道虽然有点夸张，却诠释了这样一个道理：任何人的短处之中肯定蕴藏着可用的长处。善用物者无弃物，善用人者无废人，只要适当改变事物的用途，就能化短为长，短板也就会自然消失。

## 避免进入某些领域

一般来说，人们更倾向于喜欢自己有独特天赋的事业，做自己有天赋的事情会让你获得十足的成就感。如果一个人觉得在某些方面没有潜力，所做的工作没有意义、不值得去做，往往会保持冷嘲热讽、敷衍了事的态度。这不仅使得成功的概率很小，就算成功，也不会觉得有多大的成就感。因此，对一个对某些行业没有兴趣的人来说，最主要的就是避免进入此类领域。

凡·高在绘画方面是个天才，但其他方面都很平庸；爱因斯坦可以提出相对论，却不是一个好学生；柯南·道尔写小说能名扬天下，作为医生却毫无建树……

每个人都有自己的特长和天赋，卡斯帕罗夫15岁获得国际象棋的世界冠军，只用刻苦和方法正确很难解释这一点。从事与自己特长相关的工作，就能较轻易地取得成功，否则，多少都会埋没自己的能力。大多数人在某些特定的方面都有着特殊的天赋和良好的素质，即使是看起来很笨的人，在某些特定的方面也可能有杰出的才能。

对每个人来说，可能在某些方面连做都不必做，因为你在这些方面连基本天分都不具备，又何必浪费力气做呢？事实上，每个人不擅长的领域种类繁多，但在某一方面拥有一流技能或知识的人却不多，我们大多数人都是在很多的领域欠缺天分、没有技能，就连最起码的表现都很难。所以，我们不应该勉强接受不喜欢的工作和职务，而应该为最喜欢的事业奋斗。"选择你所爱的，爱你所选择的"才是避免短板效应的最好办法。

# 停止做某类事情

很多人都试图做一些做不好而且本来不需要做的事情，并为此浪费了大量时间，丧失了不少信任和尊严。为什么呢？

因为人们总是鼓励我们这么干。兴致勃勃的管理者在界定一件工作时，往往关注怎么去做，而不是要达到什么目的。他们规定风格而不是结果，继而要求每个员工学会他们偏爱的风格。

这样，你就会发现一些缺少"预见性"才能的员工在背诵他们的远景规划，因为有人定下规矩：每个员工都必须有长远计划。有时，你会看到一位不苟言笑的经理在练习说笑话，以图变得更幽默，因为在某处写着："幽默感"是一项管理者的重要才能。

如何应对一种很难改变的弱点？正确的答案是：停止做这件事，看看有没有人会在意。如果你照此办理，有三种结局会使你大吃一惊：第一，没有人会在意；第二，你会赢得尊敬；第三，你自己的感觉会好得多。

玛丽是一位不太懂得体谅员工的经理。她为猜透每个员工的感情秘密，做了许多的努力，却仍无结果。

迫不得已，她向员工们承认，自己缺少体谅的才能，并告诉所有的员工："从现在起，我不再装了。我不可能对你们心领神会，如果你们希望我知道你们的感受，最好对我直说。而且不要以为年初告诉我一次就够了，要我记住你们的感觉并不容易，所以需要你们不断提醒我，不然的话，我永远也记不住。"

听了这通坦白，员工们松了一口气。他们知道，玛丽本质上是一个好人，但就是不懂得如何体谅别人，而这对他们来说并不新奇。他们也许会用"矜持"或"冷淡"这些词来形容她，而不是"缺乏体谅"，但是意思是一样的。正如其中一位所说："玛丽对情感世界毫无感觉，以至于她可以是你最好的朋友，但她自己对此却一无所知。"

承认自己的弱点和宣布放弃弥补它是需要勇气的。作为一名经理，玛丽这么做是朝前迈了一大步。在她的员工眼中，她变得更真诚了——她有缺点，但自己知道——因此，她成为一个更值得信赖的经理。她的所作所为摆脱了那种做作的、"演戏"的特点，变得更加可靠了。她并非完人，但是她的弱点大家有目共睹。她的员工们喜欢这样。

你如果承认自己的弱点，并宣布放弃弥补它的努力，就会取得同样的结果。如果你承认自己在克服一个顽固的弱点中败下阵来，你就很可能赢得身边人的信任和尊敬。

# 除短不能操之过急

虽然我们应该及时清除酒中的污水，让企业不再容忍平庸的行为，但管理者对企业的人事问题也不能操之过急，否则，将会出现"水至清则无鱼"的结果。

20世纪90年代，处于高速发展期的R电气公司曾经发生过这样的事情：该公司是由总经理个人所经营的小企业发展壮大的，但和其他多数公司一样没有适时招募人才，即使这样，公司仍随着时代的潮流继续发展。

公司越办越大，组织系统急需完善，这样，企业不得不把管理职位让给那些有资历的人来干，事实上，总经理并不认为这些人是合适的人选。然而，在企业发展期进入公司的职员总比在初期进来的人经验充足一些。于是，新来的员工工作时间久了，便不满足于在这些不称职的人手下做事，这样一来，严重影响了公司的快速运转。

人才资源的浪费不可避免地影响到公司经济的发展，总经理常常听到下属的抱怨，所以决定对这些情况采取断然措施。那些素质不高的管理者全部被要求退出管理层，取而代之的是年轻人。大家原想这样做会使一切好转，但奇怪的现象发生了，在征求意见过程中，很多人对那些被免去管理职位的资历较老的人投了同情票，甚至包括一部分曾经抱着极大不平的人。

人心动摇，总经理目瞪口呆。的确，资历老的人不一定适合做管理者，这是事实，但是总经理的做法也太过火了一些，导致被免去管理职位的人和周围人的不满。

以业绩主义、能力主义为原则的公司也有采用这种冒进措施的情况。昨天担任部长，今天就变成普通员工；昨天是普通员工，今天就升为高级管理者，这种现象时有发生。被调动的人从不间断，结果只能变成一场闹剧。

人不是机器，机器性能不好可以马上更换，如果对人事判断或采取的措施失误，则一定会伤害到本人和其他周围的人，而且一旦受到伤害，即使尽了最大的努力挽救也难以恢复原状。

一个称职的领导，绝不会听信一些片面之词，哪个环节出了问题，他必然会深入基层调查研究。如果一个管理者违反人事规则，进行大刀阔斧、大快人心的人事改革，其结果往往达不到预期的目的。

## Part 6

# 补短和防短

　　某些东西可以视为各种工作通用的基本要求，例如，交流思想的能力，倾听的能力，组织自己生活、确保不误事的能力，对自己的表现负责任的能力等等。如果你不具备这些方面的能力，那么就应该下一番苦功，尽自己最大的努力去弥补，以图有所改进。

# 有些东西没有就不行

有件事困扰了里斯很久，里斯得承认，越早让别人知道这件事，他可能就越感到自在些。那就是——里斯不会开车！

多年以来，里斯发现向别人承认自己不会开车是一件很尴尬的事。里斯曾尝试着向一位最要好的朋友承认自己不会开车，结果朋友马上用怀疑和惊恐代替了刚才还温文尔雅的表情。

但这还不是最糟的，当里斯有一天走进一家商店打算用支票付账时，他才深深体会到不会开车，没有驾照让自己陷进多大的麻烦之中。

有一次，里斯在马里兰州一家购物中心的折扣商店里闲逛。其实里斯是打算买一台便携式打字机，这家商店的店员热情周到地为里斯介绍着不同型号的机器。

里斯终于选定了一台，并问道："在这里我能用私人支票付账吗？"

"当然！"店员和蔼地说，"那，你有能证明身份的证件吗？"

"有，你瞧……"里斯边说着边掏口袋，从身上的各个口袋里掏出了银行信用卡、俱乐部会员卡、贝尔电话公司信用卡，还有白宫通行证。

那个店员细细查看了里斯的证件，然后抬头问道："请问，我能看一下你的驾照吗？"

"啊！我没有驾照。"里斯答道。

"你弄丢了吗？"

"不，我不可能弄丢，因为我不会开车。"

那个店员睁大了眼睛盯了里斯半天，然后毫不犹豫地按响了柜台下面的警报器。不一会儿，一个柜台经理模样的人跑了过来。

刚才还热情似火的店员现在变得粗暴无礼。他指着里斯的鼻子向经理说道："这个家伙打算用支票付钱，可他竟然连个驾照都没有。我是不是该叫保安？"

"等一会儿，我去问问，"经理转过头冲着里斯问道，"你是不是因为违反交通规则被吊销了驾照？"

"不，我从来没开过车，我讨厌开车。"

"你讨厌开车？！"经理已经开始冲着里斯叫喊了，"纯粹是借口！说！你为什么没驾照，你为什么没驾照还敢跑过来说'用支票付账'？"

"我想那些证件已经足够了。"里斯指了指那些铺了一柜台的证件。

"足够了？哼，他们再多也抵不上一张驾照！"

就像里斯的驾照一样，某些东西可以视为各种工作通用的基本要求，例如，交流思想的能力，倾听的能力，组织自己生活、确保不误事的能力，对自己的表现负责任的能力等等。

　　如果你不具备这些方面的能力，那么就应该下一番苦功，尽自己最大的努力去弥补，以图有所改进。由于各种理由，你可能不会喜欢这样下苦功，并且无法仅凭此举达到卓越，但是你别无其他出路。不然的话，这些弱点很可能瓦解你在其他领域的强大优势。

# 最经济、直接的办法

乔·汉姆刚到埃德武馆训练时，由于技术和经验不足常常挨打。他企图使诈，可总是无济于事。

一天，教练帕克请他到办公室，随手拿了一支粉笔，在地上画了一条线，问道："假如是你，你怎样才能把这条线弄短？"汉姆仔细端详了一阵后，给出了几个答案，包括把线截成几段。谁知帕克却大摇其头，然后，他用粉笔在那条线旁边又画一条长线，问："现在你看头一条线怎么样啦？"汉姆恍然大悟地回答："哦，短了。"

成功，并不意味着削弱别人的实力以求相齐，弥补所短、强大自己才是最明智的做法！

如果组成木桶的木板长短不一，那么要增大木桶的容量，我们可采取两种办法：第一是同时加长每一块木板；第二是只加长最短的木板。相比之下我们很容易看出，要增大相同的容量，第二种方法比第一种要经济得多。

在很多企业的培训工作中，根本就没有考虑员工的实际水平是参差不齐的，其培训过程像学校上课一样有统一的模式，采取统一的进度。很显然，这种方法是很不经济的，因为在缺乏针对性的同时，又大大增加了培训投资，而最终取得的效果却不一定很好。更有甚者，一些企业将培训视为一种福利，奖励给表现出色的员工。毫无疑问，这样只能使长木板更长而让短木板更短，企业的整体实力永远也得不到提高。

# 弥补弱点，加长短板

## 获取必要的知识和技能

弱点是什么呢？大多数人都会赞同韦氏和牛津英语辞典上给出的定义：弱点是"我们不在行的领域"。

按照这种定义，你会发现，自己不在行的领域多得数不清，但是你无须担心，因为它们并不会妨碍你出色发挥。对于它们，你无须采取什么措施，置之不理就是了。

比如，如果你不会使用质谱仪，或者不知道元素在周期表上的次序，这些都算不上弱点，因为你八成不是一名专业的科学家。你也许会在某次知识问答的游戏中陷入尴尬，但除此之外，你不会为不精通这些领域而有丝毫的不安。

因此，对于不在行的领域，我们最多把他归结成一种欠缺，而弱点是妨碍你出色发挥的因素。无关宏旨的欠缺只有在一种情况下会变成真正的弱点：一旦你所做的工作需要你并未掌握的技能和知识，你的弱点就诞生了。

例如，你如果不知道波音 747 飞机的飞行速度，在大多数场合下都是无足轻重的，但是，如果你是驾驶波音飞机的飞行员，这种无知就成了致命的弱点。同理，缺少沟通的能力对于你做好原来的法律调研工作并无妨害，但一旦你决定当一名审判律师，它就变成了弱点。

你一旦知道了自身真正的弱点所在，你该如何应对呢？

比如，如果你是一名医疗器械推销员，你一味地向医生推销，却没意识到在当今医疗市场上，财务主管才是真正的决策人。再如，你是一名经理，但不善于有效委派，因为你不知道如何与员工共同制定明确的目标。

对于这些弱点，答案非常明确：学会你所需要的技能或知识。

## 让自己变得不可替代

生物学家研究发现，在成群的蚂蚁中，大部分蚂蚁都很勤快，寻找食物、搬运食物争先恐后，少数蚂蚁却东张西望地不干活。

为了研究这类懒蚂蚁如何在蚁群中生存，生物学家做了一个实验：他们把这些懒蚂蚁都做上标记，断绝蚂蚁的食物来源，并破坏了蚂蚁窝，然后观察结果。

这时，发生了令生物学家意想不到的情况。那些勤快的蚂蚁只会一筹莫展，而懒蚂蚁则"挺身而出"，带领伙伴向它早已侦察到的新食物源转移。接着，他们再把这些懒蚂蚁全部从蚁群里抓走，实验者马上发现，所有的蚂蚁都停止了工作，乱作一团。直到他们把那些懒蚂蚁放回去后，整个蚁群才恢复到繁忙有序的工作中去。

大多数蚂蚁都很勤奋，忙忙碌碌，任劳任怨，但他们紧张有序的劳作往往离不开那些不干活的懒蚂蚁。懒蚂蚁在蚁群中的地位是不可替代的，他们能看到事物的未来，能正确地把握了当前的行动，使自己在蚁群中不可替代。

西班牙著名的智者巴尔塔沙·葛拉西安在其《智慧书》中告诫人们："在生活和工作中要不断完善自己，使自己变得不可替代。让别人离了你就无法正常运转，这样你的地位就会大大提高。"

事实确实如此，如果一个人在他所供职的公司中变得不可替代，就像蚁群中的那些懒蚂蚁一样，那他的成功也就指日可待了。比如在公司里你能勤动脑，以战略的眼光去思考企业的发展，不断寻求企业新的增长点，不断开发新产品，开拓新市场，把握住企业的目标，努力让企业"做对的事"，那你一定会成为公司里的顶梁柱，那时还愁没有升职加薪的机会吗？

一位成功学家曾聘用一名年轻女孩当助手，替他拆阅、分类信件，支付女孩的薪水与相关工作的人相同。有一天，这位成功学家口述了一句格言，要求她用打字机记录下来："请记住，你唯一的限制就是你自己脑中所设立的那个限制。"

她将打好的文件交给老板，并且有所感悟地说："您的格言令我大受启发，对我的人生很有价值。"

这件事并未引起成功学家的注意，但是在女孩的心目中却烙上了深刻的印象。从那天起，她开始在晚饭后回到办公室继续工作，不计报酬地干一些并非自己分内的事，譬如，替代老板给读者回信。

她认真研究成功学家的语言风格，以至于这些回信和老板一样好，有时甚至会更好。她一直坚持这样做，并不在乎老板是否注意到自己的努力。终于有一天，成功学家的秘书因故辞职，在挑选合格人选时，老板自然而然地想到了这个女孩。

在没有得到这个职位之前，女孩就已经身在其位了，这正是她获得这个职位的最重要原因。当下班的铃声响起之后，她依然留在自己的岗位上，在没有任何报酬承诺的情况下，她依然刻苦训练，最终使自己有资格接受这个职位。

故事并没有结束。这位年轻女孩的能力如此优秀，引起了更多人的关注，其他公司纷纷提供更好的职位邀请她加盟。为了挽留她，成功学家多次提高她的薪水，与最初当一名普通速记员时相比已经高出了四倍。对此，做老板的也无可奈何，因为她不断提高自我价值，使自己变得不可替代了。

对于个人而言，如果不希望成为木桶中最短的一块木板，并还能求得个人的不断发展，只有不断地给自己充电，提高自身的竞争力。同时，如果能够利用公司提供的在职员工培训，则会在互动的环境中非常有效地增加业务知识和提高工作技能。

## 迅速提高职业竞争力

近年来，"迅速提高职业竞争力"似乎已经成了老生常谈的话题，但是很少有人在提高自身何种竞争力，如何提高职业竞争力上做文章。多半情况是头痛医头，脚痛医脚，经常忙着学这、学那，没有清晰的学习目标，这样做似乎竞争力是提高了，却只是学得多，真正用得上的少，往往事倍功半。

原因何在？就在于对学习的结果没有评估的过程，控制学习就更谈不上了。这又怎能"迅速提高职业竞争力"呢？正确的做法应该是：

第一步，做 SWOT 分析，针对自身面临的机会和威胁进行分析。为了更好地抓住机会和回避风险，只需要弥补严重制约自身发展的劣势。补短的关键在于判断哪一项劣势才是自身目前最应该弥补的。要有目的地补，而不是无目的、盲目地补。

第二步，制定补短的目标，即自身希望达到的学习效果。这一点至关重要，目标一定是可以实现的，要量化以方便衡量结果，不同的学习目标要有层次，而且要相互协调。

第三步，制定一个补短的计划，由计划来指导学习和工作，而不是随意地想做就做。

第四步，制定一个补短行动方案和时间进度表，以利于计划的执行和控制。

第五步，对补短的学习过程进行控制。计划执行的过程中要及时地衡量学习的结果，进行评估，诊断结果，然后采取修正行动。在现实中，控制这一环节往往被很多人忽视了，只是去补了，去学了，但是没有控制，这很容易造成补短的低效。

## 对员工进行必要的培训

一个企业要想成为一个结实耐用的木桶，首先要想方设法提高短板的长度。只有让所有的板子都维持"足够高"的高度，才能充分体现团队精神，完全发挥团队作用。在这个充满竞争的年代，越来越多的管理者意识到，只要组织里有一个员工的能力很弱，就足以影响整个组织达成预期的目标。

要想提高每一个员工的竞争力，并将他们的力量有效地凝聚起来，最好的办法就是对员工进行教育和培训。企业培训是一项有意义而又实实在在的工作。优秀企业的员工，都很乐意接受教育和培训，这对于培养企业的团队精神大有裨益。

根据权威的 IDC 公司预计，在美国，到 2005 年企业花在员工培训上的费用总额将达到 114 亿美元，而被誉为美国"最佳管理者"的 GE 公司总裁麦克尼尔宣称，GE 每年的员工培训费用就达 5 亿美元，并且将成倍增长。

惠普公司内部有一项关于管理规范的教育项目，仅仅是这一个培训项目，研究经费每年就高达数百万美元。他们不仅研究教育内容，而且还研究哪一种教育方式更易于被人们所接受。对于员工培训，惠普公司坚持以下原则：

——员工培训在内容上应注意将个人智慧标准化、制度化和手册化。

倘若把企业的某个部门或某一岗位比作一个木桶，那么这个部门或岗位上的每位员工就是组成这只木桶的某块木板。由于每一位员工的工作能力和特长客观上是参差不齐的，所以组成这只木桶的木板也是长短不一的，其中必有一块是最长的。

我们完全可以设法让所有短木板向最长的那一块看齐，从而有效地避免木桶定律的副作用，从而增大木桶的容量。

很多企业一提到员工培训，首先想到的往往是从外部寻求培训资源，而不是从内部开发培训资源。实际上，企业的每个部门或岗位上必有一个工作能力最强的先进者，作为最强的先进者必有其独特的、成功的工作经验和技巧。企业应注意对这些先进者的成功经验进行挖掘、整理、完善和提升，使之标准化、制度化和手册化，从而成为非常切合其所在部门和岗位的宝贵的培训资源。

——员工培训的内容应从狭隘的岗位职务培训转向丰富多彩的全方位培训。

如果把员工比作一只木桶，那么组成这个木桶的木板就是该员工所掌握的各项知识和技能，该木桶的最大容量就是该员工的整体实力和竞争力。

对于某个具体的员工来说，除非岗位知识和技能是他的薄弱环节（例如新员工），否则单纯的岗位培训对于提高该员工的整体实力和竞争力是远远不够的。

喜欢围棋的人都知道，许多棋手在暂别棋坛一段时期后重回棋坛，水平往往会突飞猛进，这就是人们常说的"功夫在棋外"。现代社会是个协作性社会，以合作求竞争才能达到利益的最大化，所以，员工培训的内容应从狭隘的岗位培训转向丰富多彩的全方位培训上来。

——员工培训应注意提高员工特别是中高层员工的人文素养。

良好的人文素养一方面可以让人站在哲学的、历史的、文学的、艺术的高度看问题，有利于提升员工的知识和认知水平，增强人的创造能力；另一方面，它作为价值观念和思维方式，可以渗透于人的内心之中，使员工抵御一些不正当的物质或功利的诱惑。

## 给下属成长的机会

虽然一个称职的领导者必须是一个"万事通"，但一个能力很强的领导者并不一定能管理好一家企业。有些领导做事，喜欢大小权力一把抓，大小事情统统自己动手，员工只能当他的助手，造成自己整天忙得像只无头苍蝇。

一个领导者，如果任何事都亲自过问，下属也将乐意将问题上交，统统由你去处理。你可能会为会计改正他的账目差错，而不是退给他自己去改；平时你还自己起草业务方案，而不是交给业务经理去执行。

把困难工作留给自己去做，是因为他们认为别人胜任不了这种工作。他们觉得亲自去做更有把握，当被问及有关这种工作的问题时，他们自信能对答如流。如果一个企业的领导者总这样大包大揽，下属就没有任何学习成长的机会。

美国著名管理学家哈默有一位纽约客户就是这种类型。当他在自己的办公室时，除了要与客户电话联络外，还要处理公司大大小小的事情，桌子上的公文一大堆等他去处理，每天都忙得不可开交。

每次到加州出差，哈默都要约他早上六点三十分见面，他必然会提前三个小时起床，处理公司转来的传真，做完后，再将传真回送给他的公司。哈默曾与他谈论，觉得他做得太多，而他的员工只做简单的工作，甚至不必动脑筋去思考、去回答他的客户，也不必负担任何的责任与风险，像他这种做法，好的人才不可能留下奉陪到底。

而这位顾客说，员工没有办法做得像他一样的好，对此，哈默向他说明两点：

"第一，如果你的员工像你这么聪明，做得和你一样好的话，那他就不必当你的员工，早就当老板了。第二，你从不给他机会去尝试，怎么知道他做得不好呢？"

一个人只有一双手，一天即使不睡觉也只有二十几个小时可供使用，况且不可能天天不睡觉。因此，不可能什么事都自己做，唯有授权属下。当员工做错事情，你必须去分析、去了解，无论是故意或是疏忽还是不懂。除非是故意做错事，否则不该大声责骂，让他难堪。

如果事情已经发生，责备就于事无补，此时员工所需要的，就是领导的体谅与细心的指导，告诉他该如何去做，如何去解决问题。问题得到解决，不仅员工能进步，长期而言，公司也能受益，可谓一举两得。

如果想要员工成为木桶上一块足够长的木板，首先要做到以下几点：

——信任员工，无论他做得多么差劲，你都要相信他努力了，然后鼓励他，让他充满自信地投入到工作中。

人不是生下来就会做事的，做任何事情的能力和技巧都是学来的，犯错误是在所难免的。

因此，你一定要让员工有学习的机会，细心教导员工，让员工从错误中学习经验，吸取教训。如果你事必躬亲，员工就没有学习的机会了，也不会快速地成长、成熟起来。允许犯错，但同时又要提醒他们绝不允许犯同样的错误。

——让员工有自主权，好像自己当老板一样，获得尊重与肯定，只有这样，员工才能具有成就感。

身为领导者，你必须明白：请别人为你做事，你才可能从他们中发现有才能的人。给他们机会，为你完成更多的工作，也可以说是训练他们承担额外的工作。

为了激励员工的成长，身为领导，应对他们所提出的建议，有专心倾听的雅量，有开明的作风接纳意见，以感激的心情接受热诚，使公司充满发展的朝气。

——培养有潜力的员工，并委以重任，尤其是应该让他做主产品品种开发和营销方面的工作。当然，把一项重要的工作授权给某个员工后你仍须随时待命，当业务遇到难题，员工解决不了时，你仍须亲自出马解决。

领导者，不可能什么事都自己做，必须有心栽培值得你信赖的有潜力的员工，耐心地教导他们。刚开始的学习阶段，难免发生错误，致使公司蒙受损失，但只要不是太大，不会动摇公司的根本，就把它当作训练费用。你一定要脱身去处理首要的事情，因为它可能关乎整个企业的前途。适时放手让你身边的人承担责任，并考核他们的表现。当他们妥善地完成工作时，就要让他们知道自己做得不错。

经过一段时间之后，你认为他已有足够的经验与智慧去应付一切事务，就该大胆地授权给他，让他去做主，去发挥。这样，公司才留得住可用之才，这也是一个公司长久发展的经营之道。

企业的发展壮大不能只靠一个或几个管理者，必须依靠广大员工的积极努力，借助他们的才能和智慧，群策群力才能逐步把企业向前推进。再能干的领导，也要借助他人的智慧和能力，这是一个企业发展的最佳道路。

## 开发非明星员工

要想提升企业的整体绩效，除了对所有员工进行培训外，更要注重对"短木板"——非明星员工的开发。

美国大联盟西雅图水手队的明星球员罗德基思，曾经成为许多球队的挖角对象。罗德基思开出的条件除了2000多万美金的年薪外，还要求球队给予他各种特别待遇，包括在训练场有自己专属的棚子，供他自由使用的私人飞机。原本对罗德基思有兴趣的纽约大都会队，听到这些之后决定打退堂鼓。

该球队表示，如果他们答应罗德基思的所有条件，几乎是允许他独立于球队之外，自成一格，对球队的影响是弊多于利。他们需要的是由 25 个球员组成的团队，而不是 24 个球员加上 1 个特殊球员。

著名管理顾问奥斯汀指出，如果企业用过多的精力关注"明星员工"，而忽略了占公司多数的一般员工，会打击团队士气，从而使"明星员工"的才能与团队合作两者间失去平衡。管理者应该自问：谁对公司比较重要？是几个明星员工，还是一群默默耕耘的员工？奥斯汀表示，超级明星很难服从团队的决定。明星之所以是明星，是因为他们觉得自己和其他人的起点不同，他们需要的是不断提高标准，挑战自己。

"明星员工"的光芒很容易看见，可是，别忘了非明星员工的努力，他们也需要鼓励。而且，如果对"非明星员工"激励得好，效果可以大大胜过对"明星员工"的激励。

中国民间有一句至理名言，叫作"三个臭皮匠，顶个诸葛亮"。能请得到"诸葛亮"这样的高明之士，的确是一件喜事，但努力挖掘"臭皮匠"的能力，路子也许将会更宽、更好些。

强调关注"非明星员工"，并不是说那些"明星员工"不重要，而是说什么事都不能走向绝对化，或顾此失彼，抑此扬彼，特别是在以效益衡量成败的生产经营领域，任何一环都是不可或缺的，对每一个员工都要量才而用，各尽其能。

长期以来，"首席"这顶帽子是令人羡慕的，但它只是戴在一些关键的重要人物头上，如"首席大法官""首席执行官""首席信息官"等等。其实在任何企业里，"首席"的头衔也应戴到一线普通工人的头上，因为他们也是不可或缺的。

所以，我们要想达到"木桶"的最大盛水量，就要尽可能加长最短的那块木板。同样，企业的用人制度也是一样要"人尽其才，取长补短"解决薄弱环节，只有这样才能发挥企业的整体优势。

有一个华讯员工，由于与主管的关系不太好，工作时的一些想法不能被肯定，从而忧心忡忡、兴致不高。

刚巧，摩托罗拉公司需要从华讯借调一名技术人员去协助他们搞市场服务。于是，华讯的总经理在经过深思熟虑后，决定派这位员工去。去之前，他只对那位员工简单交代了几句："出去工作，既代表公司，也代表我们个人。怎样做，不用我教。如果觉得顶不住了，打个电话回来。"

一个月后，摩托罗拉公司打来电话："你派出的兵还真棒！""我还有更好的呢！"华讯的总经理在不忘推销公司的同时，着实松了一口气。这位员工回来后，部门主管也对他另眼相看，他自己也增添了自信。

## 打造超级团队

企业经营是一个系统工程，不仅要做到没有明显的短板，还要保证每块木板结实，整个系统坚固，各环节接合紧密无隙。这是因为，一个群体是一回事，一个团队又完全是另外一回事，这就如同一根没有磁性的铁棒，每个分子都在按自身的目标旋转，各自的磁性相互抵销，铁棒整体不显磁性，如同乌合之众没有组织力量一样。如果将铁棒置入一个磁场中，每个分子在磁场的作用下朝同一方向旋转，铁棒整体就显示出很强的磁性。

我们经常看到，积极、强劲的团队中一些成员相互庆祝："我们真棒！"当这种感觉能够激发人们追求更大、更高的目标时，这就是最好的结果。

有效管理就像一个良好的磁场，而形成磁场的工具就是机制、制度、政策、权力和无处不在的团队文化。今天，团队建设已经成为最受企业欢迎的培训课程。企业在饱尝长期内耗之苦后，希望通过提倡一种团队精神来改变现状。那么，如何才能打造一支超级团队呢？

团队精神固然是最重要的因素之一，但团队精神的产生必须依靠团队建设。因此，团队建设方法和团队精神一样都不可或缺。

为说明这一点，首先应明确团队的概念：团队是由具有互补技能组成的、为达成共同的目标与愿景在认同的程序下工作的团体。

不难看出，方法和程序是团队运作中的灵魂。在好的程序与方法下，团队成员会共同思考，统一行动，这样坚持下来便会形成一种行为习惯，这种习惯将会不断提升团队精神。反之，没有好的、让成员认同的程序和方法，光有团队精神也难于协调运作，团队精神会流于形式，最终也不过是喊喊口号而已。

一个主管在升任总裁之后，为在组织内推行团队精神，把各级主管分批派去参加培训，大家都学到了处理和解决管理问题的共同方法。为了将培训成果巩固下来，他有意制造了一种氛围，并身体力行。

　　这位总裁通过引进一种工具和观念，使团队成员的"努力"能够得到"协调"和"整合"，互助合作及团队精神也就水到渠成。果然，这个组织的气氛几乎在一夜之间就改变了，他们学会了公开讨论，并愿意把自己的构想和别人交流，通过运用共同学到的方法，他们能够解决更多的问题，做出更好的决策。

　　他并没有立意要建立团队精神，而这种团队精神却通过团队成员在共同的准则及程序下，在共同的工作中产生了。因此，想要打造一支超级团队，需要持久的、坚持不懈的努力，这个过程的关键就是要找到适合团队的程序和方法。

　　下面，我们将提供每个成员都愿意为之奋斗的模式——超级团队模式。


　　——渴望成功。超级团队非常有活力，每个成员都能担负起责任，大家在渴望成功的基础上，寻求最好的合作发展。

　　——不断改进。成员对自己和他人有很高的期望，并不断寻求进步。

　　——离经不叛道。成员遵循一定的规则和方针，但又不拘泥于规则，他们能够坚持和他人沟通，无论是独自工作还是群体工作，都能取得很高的效率。

　　——主动进取。成员反应迅速，态度积极乐观，行动能力强。

——重视领导。成员敬重顾大局、有活力的领导人，并且希望在他们的领导下共同争取外部资源与支持。

——以人为本、强调协作。成员尊重知识、竞争和贡献胜过身份和地位，他们注重合作及解决问题。超级团队在履行任务的过程中，始终以使命和目标为导向。他们持之以恒，但也不失灵活。

——理性、顽强并勇于创造。成员们能够分清事情的轻重缓急，敢于面对问题，能够选择合适的方法清除障碍。方法可以是灵活的、创造性的或者规范化的。

——富有创新精神。成员能适度冒险以获取卓越成绩。

——容易接近。成员不断和外界接触，让外界了解自己，积极寻求外部的反馈与帮助。

——勤奋敬业。成员理解组织的战略和经营理念，并希望实现组织的目标。他们在一个开放的文化中发展，他们所在的系统授予他们权力，也希望他们承担责任，以便完成双方共同商定的目标。

——与所在的组织互相影响、共同发展。团队成员和团队创始人一样拥有权力，因为个人的影响力取决于信誉而非权威。

## 培训自己的合作伙伴

当公司的某个员工成为"最短一块木板"时，他可能会影响到该部门甚至整个公司的业绩；当公司的某个经销商或代理商成为"最短木板"时，他同样也会对公司业绩造成严重的影响。

一次，美国奥尔玛人力资源管理顾问约翰·洛夫斯基在与记者聊天时，谈到了企业"组织"的范畴：从人力资源学和社会关系学来讲，每个公司都有自己的"小组织"和"大组织"。

"小组织"的范畴一般局限于该公司的人力资源和组织构架，而"大组织"的范畴则要大得多，它包括该公司的合作伙伴、客户和社会关系等等，甚至自己客户的客户、伙伴的伙伴和员工的社会关系都可以包含在其中。

"大组织"是一个公司的"培养基"，公司如果能充分利用"大组织"中的资源，将可取得"小组织"所难以想象的成功。从这个理论的角度来看，原制造商的经销商和各级代理商自然是公司"大组织"中的一部分。

APC（美国电力转换公司）美国区域总经理奥格·托马斯很清楚经销商和各级代理在 APC 美国这个"大组织"中的重要性，他把用于衡量企业内部竞争力的"木桶定律"扩展到"大组织"中来，经销商和各级代理也成了 APC 这个"木桶"中的一块"木板"，在某些时候甚至成了制约木桶容积的"最短一块木板"。

APC 的解决办法是培训。对员工有培训，对制造商同样有培训——最近制订的一套完整的经销商培训体系正是解决办法之一。

据 APC 美国区培训与发展部经理霍桑墨尔介绍，公司目前有 20% 左右的员工来自 APC 和竞争对手的经销商或代理商，他们已经从 APC 的"大组织"跨入了他的"小组织"，也为 APC 缓解人才压力提供了一条有效的解决途径。从这个角度来看，APC 对经销商的培训，实际上是在为自己的团队培训"预备队"。

有人说 APC 的薪水很高，才吸引了很多优秀的人才加盟。霍桑墨尔并不这样认为，他认为是 APC 完善的培训体系吸引了他们。

APC 认为，培训和开发是保持人力资源这种"易耗型"资源再生性和持续性的必要手段。培训和开发包括两个内容：

1.培训是让人力资源更加适合现在的职位，着重于现在。
2.开发着眼于将来，针对职员将来的职业生涯，对经销商和各级代理也是如此。

如果制造企业的经营管理能力越来越强，而经销商、分销商、供应商的能力越来越差，那么企业整体的经营管理水平如何评价，就只能以经销商或代理商的水平来界定。尽管企业内部的物流系统、供应链水平很先进，但脱离外部供应链也是不行的。

代理商和经销商实际上是产品流通链中的一部分，同时也是公司的一部分。对经销商的老板和员工进行培训，一方面可以把公司的理念介绍给他们，另一方面也可以增加他们对原制造商的向心力。

从经销商的角度来看，这些针对性的培训不仅提高了自身的业务水平，也提高了公司的自身竞争力。

# 以己之长补己之短

一个人的优点和缺点、长处与短处并不是固定不变的。优点扩展了，缺点也就受到限制，发扬长处是克服短处的重要方法。

麦克是一名顾问，以向商界发表演说为生。从任何角度来看，他干这行都非常出色。他演说一次的要价是数千美金，并且演说日程已经排满12个月，这都表明，他是一个效率很高的演说家。

对这一结果，最感惊讶的莫过于麦克本人。20年前，如果你告诉他，他将会每周对四五百人演说，一边讲故事，一边讲思想，令听众为之倾倒，他一定会从最坏处着想——认定你和别人一样在取笑他。

事实上，麦克4岁起开始口吃，并不是有压力时偶尔口吃，而是持续性口吃。每个单词对他来说都是一个陷阱。以辅音打头的单词他根本说不出口。如果他要说出这个单词，说话的冲动就会在内心涌起。他能感到这种冲动，但是气流好像无法突破第一个字母。他僵住了，嘴里发出一些含糊不清的声音，但跟在后面的不是这个单词。

以元音打头的单词就更糟了。单词的第一个音很快流出来了——毕竟这是一个软元音，但是单词的其他部分会远远落在后面。这样，第一个元音会不断地重复，就像一台蒸汽机车呼呼地开出车站，而后面的车厢却没有跟上。

毋庸置疑，麦克为此倍感羞辱。他不幸进了英国的一所寄宿学校，那里的一些同学不断地戏弄他。忧心忡忡的父母带着他走访了很多儿童心理学家，盼望能治好他的病，但是除了被告知避免与他哥哥竞争外，麦克并没有得到什么帮助。他在学校的生活真是苦不堪言，害怕有一天在课堂上被叫起来高声朗诵，对闹个不停的同学一腔怨恨，甚至幼稚地担心自己结不了婚，因为他不会说"你能嫁给我吗？"这类的话。

后来的一天早上，奇迹出现了。麦克被选出来在早会上向全校朗诵。麦克在朗诵者名单上看到自己的名字时，怒不可遏。他知道，学校并非故意为难他，而只是照章行事，为每个毕业班学生安排一次朗诵，但他认定他们没安好心。难道他们不知道，他的朗诵会沦为一场闹剧吗？难道他们不能改变惯例，使他免于受辱？

麦克向校长提出了请求。但这是英国，是一所寄宿学校，当然，惯例是不能变通的。

那天早晨，麦克颤巍巍地走向讲台，即将到来的灾难使他麻木。前一天晚上，校长帮助他一起练习了这段演说辞。

由于他的结巴，5分钟的演说拖成了一刻钟的折磨。他知道将会发生什么，却无能为力。他想，像所有的悲剧一样，这是不可避免的，便绕讲台一圈，紧紧抓住台边，向台下嘻嘻哈哈的听众望去，吸了一口气。

突然间，句子从他嘴里流出来，犹如琼浆玉液。语流很快，他简直有点跟不上。它们自如地流淌，就像一个正常人一样。他发现自己已读了一半，进度恰到好处。他在"sarcasm"（讥讽）这个词上打了一个小磕巴——他今天还记得这个小小的嘲弄——随后便飞流直下，顺利地通过了"inevitable"（不可避免）、"multitudes"（众多）、"magnificent"（妙不可言）等词语的雷区，扬帆驰向终点。他成功了。整个朗诵没有结巴。令他不可思议的是，他感到了满足。抬起头来，他看到了听众们一个个张大嘴巴，看到了几个宿敌难以置信的呆滞眼神，也看到了十几个好友的微笑。

朋友们跑到他前面问："发生了什么事？"问得好，他想。10年治疗口吃的努力终于有所收获，它突然在大庭广众之下消失了。到底发生了什么呢？

回想起来，他意识到，正当他准备朗诵时，他看了一下听众，看到了他们的脸，顿时勇气倍增。他慢慢地、愈来愈肯定地意识到，他喜欢登台表演——按照优势识别器的理论，这是"追求"和"沟通"这两个主题的结合使然。在数百人面前表演的压力，令很多人无比恐惧，却使他精神焕发。有的人面对众人会张口结舌，他却感到放松。他的思维更敏捷，语言更流畅。在台上，他能做到日常生活中始终做不到的事情。他能将禁锢在头脑中的思想释放出来，他能自如地表达自己。

　　麦克发现了自己的优势，将它运用到台下的现实生活中去。每次他跟人说话时，无论是在校园里，汽车上，还是电话里，他都想象自己面对 200 个听众。他想象演讲现场，看到一张张脸，精心组织他的思想，词句就突然喷涌而出。从那时开始，无论是在学校里，在他工作的场所，与朋友在一起，在家里，再也没人叫他"麦……麦……麦……麦克"了。

　　麦克的例子说明，优势的威力能压倒弱点。麦克长达 10 年为其弱点所困，全力治疗而没有结果。所幸的是，他意识到自己的优势，并把它经过适当培养，使自己的能力获得解放。当你试图控制自身弱点时，多去想想自身的优点，它们也会这样帮你。

# 以人之长补己之短

## 唯有强者才会求助

要想成为一名优秀的工作者，不一定要是多面手，关键是要看自己能否与同事建立互补的伙伴关系。

杜邦公司的瓦尔德就是建立互补伙伴关系的高手。他不仅能生动而详尽地描述自身的优势和弱点，而且能准确识别与自己弱点相互补的伙伴。

有的弱点涉及知识和技能，因此很容易找到与之相配的对象。比如，一些"对数字头疼"的企业家常常寻找"对数字着迷"的会计师当合作伙伴；一些基因工程专家明智地寻找能使他们研制的灵丹妙药获得批准的法律专家。但是，最好的例子是建立在才能互补上的伙伴关系。

有一位高级主管深知，他的每个直接下属都有不同的特点，但他同时意识到，他自己缺乏必要的才能来准确识别这些下属到底有什么不同。他并不试图掩饰自己的这个弱点，而是雇了一名人力资源专家，其主要职责就是帮助他了解每个人的特点。

有一位审判律师在法庭上十分雄辩，但讨厌到图书馆研究案例。他在开拓自身业务时，深知他最需要招聘一个乐于研究司法案例的人，与他的法庭雄辩互补。他很快发现了一个人。一想到要整天研读蝇头小字的资料，此人就眼睛发亮。于是两人一起开拓了十分火爆的业务。

还有一位乘务员，讨人喜欢，但缺乏勇气。面对一些脾气暴躁的乘客，他不免发怵。即使对彬彬有礼的乘客，他也不愿带去坏消息。因此，每次航班乘客登机之前，他都要环顾四周，询问有哪位乘务人员能镇定自若地向乘客宣布航班取消、座位搞错，或其他令人不快的消息。他虽不能每次都找到理想的合作伙伴，但经常能如愿。他告诉我们，过去，碰到一些情况，他容易惊慌失措，失去冷静，甚至惹恼乘客，而现在的伙伴关系帮助他避免重蹈覆辙。

## 设计一个支持系统

凯文每天早晨穿鞋之前都要花一点时间想象在左鞋写上"如果"两个字，在右鞋写上"那么"两个字。这个怪诞的小仪式就是他的支持系统，旨在控制他的一个可能酿成大祸的弱点。

凯文是一家软件公司的全国销售总管。如你所料，他的责任之一是制定全国的销售战略。凯文在这行有多种才能——他有分析头脑、善于创新、有工作热情——但不幸的是，他并不擅长作战略规划。

也就是说，虽然他很机敏，能够预测可能挫败他计划的种种障碍，但是他天生不善于花时间思考各种不同的方案，并细想它们的后果。于是，他一早在鞋上写字就是他所想出来的绝招，用来提醒他去问"如果……那么"的问题，从而试图预测可能出现的问题的多种解决方案。

只要你仔细观察就会发现，这一类独具特色的支持系统层出不穷。有一名天生缺乏条理的经理告诉我们，她的支持系统是向自己承诺，每月彻底清理一次办公桌。还有一名教师，她天生就爱走神，以至于无法集中精力批改学生的作业。她用什么支持系统呢？她定下了一条规矩：一次最多批改五篇作业。批完五篇之后，她一定得站起来，喝一杯咖啡。再批五篇，再停下来去喂猫。

每一个人都有一套自己的支持系统，它犹如一副拐杖，帮助你应付一个在才干方面持续困扰你的弱点。也许它很简单，如买一个掌中宝来帮你记事；也许它很离奇，如在演说前想象你的听众都赤身裸体，借此松弛神经。

但是，不管你用什么支持系统，切勿低估它的作用。你能用来投资自我的时间总是有限的，如果一个支持系统能消除你对一个弱点的焦虑，那你就能省出时间好好思考如何增强你的优势。

## 强强联合，优势互补

个人如此，企业也是如此。专注自己擅长的地方，将自己不擅长的地方包装起来，通过高度的社会化协作来解决问题，这些都是跻身世界500强企业解决自身"短板"的常用办法。

近几年来，全球企业合并、兼并和合作活动十分活跃，其中有不少企业还是这个行业的领头雁，曾有过一度的辉煌。然而，随着竞争的日趋白热化，自身的短板暴露无遗，于是企业领导者为了弥补企业的弱点，开始大企业与小企业、大企业与大企业进行联合。大企业间的合并、兼并事件急剧增加，引起国际社会的极大关注。

据美国证券数据公司统计，1996年美国企业合并、兼并交易额达6588亿美元，比1995年的5190亿美元交易额增加了27%，比上次创纪录的1988年美国企业合并、兼并交易额3530亿美元增加了87%。企业合并、兼并的主要特点是大企业（两强）之间的联姻。

1995年3月28日，日本三菱银行和东京银行宣布合并，1996年4月1日正式组成东京三菱银行，总资产超过5216万亿日元，成为世界上最大的银行之一。

1995年6月，美国第一联合银行与美国第一保险银行合并，当时被称为美国有史以来最大的银行兼并案。

两个月以后，美国排名第4位的化学银行宣布与排名第6位的大通曼哈顿银行合并，合并后组成的新大通银行资产达2970亿美元，一跃超过花旗银行，成为美国第一大银行。

为什么这么多的世界级大公司会对企业的兼并如此感兴趣呢？为什么美国娱乐业大王迪斯尼会和大都会美国广播公司合并呢？

思科公司总裁钱伯斯曾经说道："我并不认为通过思科自己的努力来弥补缺陷是一种明智的选择，虽然思科公司目前没有明显的短板，但由于不断进入新的领域，思科必然要遇到相关领域的技术短板。如果思科只想用自己开发的技术来进入不同的领域，那么到现在它还是一家小公司。"

大企业合并、兼并、联合和合作，能够发挥规模效益、提高竞争能力，弥补合并双方存在的"短板"问题。这种合并显然有以下几个好处：

——实现超大规模经营、获得最佳的经济效益。

美国的迪斯尼公司和大都会美国广播公司联姻后不仅拥有了电影、电视、有线电视网、电话等一系列传播手段，而且拥有制作和传播两大阵地。英国电信公司兼并美国第二长途电话公司的主要目标是，在世界通信市场日趋自由化的形势下，通过扩大生产规模、降低经营成本，增强在国际市场的竞争能力。

——实行优势互补，加快研究和开发高科技产业。

大企业合并、兼并、联合和合作，可以优势互补，协力研究和开发高科技、名牌产品，以垄断某个领域的市场。在航天、计算机及软件、电信、医药等产业领域中规模经济效益比较突出。

专家们估计，在传统制造业中，如果产量增加25%，单位产品成本可降低约6%；在新兴产业，如计算机芯片，产量增加25%，单位产品成本可降低约14%。而且一旦形成产业规模，其集中化、大型化和垄断化的进程将进一步加快，优势地位大大增强。

——争夺知识、技术和人才。

跨国公司在使用人才方面已打破国家和地区的传统观念，用人的主要标准是能否为企业开发产品，改善经营和扩大市场。

雀巢公司是瑞士的一家跨国公司，该公司的总裁布雷贝克是奥地利人，他是近年来雀巢公司赢利超过联合利华公司的大功臣。联合利华公司是由英国和荷兰资本共同经营的跨国公司，目前由爱尔兰裔费兹盖斯和荷兰裔塔巴雷共同担任董事长。联合利华在全球增设50个研究中心，聘用当地专家针对中心所在地市场进行调查研究、开发新产品，和雀巢公司展开竞争。

市场经济是一种分工合作、资源整合的经济，如果能把原有的长板做得更长，做到极致，使其成为绝对的优势，并且依此长度，到市场上去寻找短缺的其他长板，通过优势组合，组成一个新木桶，既可解除短板的困扰，又可最大限度地发挥长板的作用，同样可以取得好的效益。

## 充分利用外部资源

在自然界中，借助外在资源获取利益的例子比比皆是。

鲨鱼的身边总是游弋着几条灵巧的小鱼，它们靠拣食鲨鱼猎食的残余为生；海鸥喜欢尾随军舰，因为后者的排水可以使海里的小生物浮上水面，成为它们的食物；在丛林中，很多藤萝植物靠依附在参天大树上得以享受阳光。

所以，如果你的公司还不具备垄断一方的核心竞争力，如果你的组织还存在这样那样的短板，要想在激烈竞争中站稳脚跟，只有借助于外部的力量。

在国外，有经验的经营者会发现，如果在百货公司里设书报部和药品部，要比设立专门的书店容易得多，也更容易取得较好的销售业绩。只要划出一块地方，无论房租、人工，还是装修费用，都比开办专门的书店、药店便宜不少。而且大公司往往是代销性质，卖不出的书完全可以退回出版公司。

反之，那些专营图书的书店就不同了，他们得专门去租一间像样的门面，从橱窗到书架的摆设、装修都得花一大笔钱。而人员又不可太少，从营业员到主管、财务、经理都不可缺少。所售图书又都是自己经营的，即便销路不好也不得不在架上放几本。如果遇到所进的图书实在没销路，只好硬着头皮赔本挣吆喝，不像百货公司可以退货。

那么，一个弱势企业应该如何利用外部资源呢？

连横——小小联合。小企业根据自身发展的需要，联合其他企业组成企业群或企业集团，以提高自己的市场竞争力。这种弱弱联合的方式对增强小企业的抗风险能力，对小企业之间取长补短、发挥规模效益大有好处。

联合的形式，可以是仅限于生产作业和专业化分工的松散型，也可以采取既有生产协作又进行资金和销售联合的紧密型。

合纵——小大联合。小企业把自己的生产经营与发展纳入某一个大企业的轨道，通过联合，小企业可以得到相对稳定的供销渠道，从资金、技术到管理、信息都能得到大企业的指导和支持。只有这样，小企业才能发挥自己的专长，在既定的目标下开发为大企业服务的产品。

小大联合，绝不是依附和寄生关系。如果抱着"大树底下好乘凉"的想法参与联合，迟早会遭遇被淘汰的命运，通过大企业的资金、技术和管理优势，来逐步提高自身的专业化开发能力，才不违背联合的初衷。

因此，"短板"是一定要补的，问题是你是否要用自己的大部分精力来弥补企业的缺陷呢？当然不是，只要你善于寻找外部的资源，就能通过外部的力量来弥补自己的"短板"。

# 固本务实，长远发展

有些问题企业看不到管理系统内部存在的各种逻辑关系，为了迅速提升企业经营管理水平，盲目地模仿优秀企业的做法，且普遍存在拔苗助长的急躁心理，认为拿个"最先进的壳子"一套，就万事大吉了。但是，这种过于刻板的一对一拷贝的做法，却为日后埋下了失败的种子。

因为企业毕竟不是为一个短期目标而存在的，长远的发展需要决定了企业必须不断立足于市场变化而进行自我改造。然而，这种修补和改造并非一般人所说的那么简单，也绝非是仅仅通过一个策划方案的实施就可以完成的。

管理是个循序渐进的过程，只有到了某个阶段，才能去做该阶段的事。比如大企业往往有一套精密而系统的薪酬、培训、晋升、绩效管理等人力资源制度体系。但是对于小企业而言，粗线条的管理反而会更有效。

那么，在学习人家的造桶技术的时候，管理者应当怎样下手呢？是直接把人家当前最好的东西拿过来吗？是直接在企业中全面铺开360度绩效考核体系或者平衡计分卡考核方法呢，还是应当先把岗位职责的履行，以及目标管理扎扎实实地做好，然后再一步一步地朝着更为全面而完整的绩效管理体系靠拢呢？

遗憾的是，大多数企业都在有意无意之间选择了前者。许多过去从来都没有搞过规范化的绩效考核，甚至连基本的岗位职责都不清楚，目标管理从来就没有到位的企业，也上来就引进所谓最新的技术，其后果自然是可想而知了。

因此，如果仔细观察优秀企业，那么我们就可以清晰地看到在木桶的每一块板子上，看到一条一条逐渐加高的历史水位线，这是他们的管理水平在每一个不同的历史阶段不断提升的结果。

创业者在创业初期更要尽量把眼光看远一些，脚步踏实一些，不急不躁，苦练管理基本功，建立宽容的企业文化和试错机制，鼓励创新。特别是给员工犯错误的机会，让员工在实践摸索中，逐渐构建"铁桶"并加强其坚韧性。

事实上，也只有企业的管理基础稳固了，形成制度化、模式化、标准化，不会随着人事变动而出现波动，企业的战略才具有执行的可能与现实意义。

# 精选木板，挑选组员

托尼·卡内韦尔是美国培训与发展协会的总经济师。他曾指出：我们将每年雇佣一百多万毫无基本技能的新工人，而他们并不符合我们目前的招工要求。而要使他们的基本技能达到要求并恢复原有的生产力，每年工业的培训费就将增加250亿美元。

组建高效团队的最初步骤就是挑选每一位置的最佳人选。重要的是能将不会有良好表现的人置于组外。我们必须认识到，有些人即使达到他们本人的最佳状态，也会被证明不那么好。我们一直所处的竞争市场逐渐地要由全球市场——一个竞争更加激烈的市场所替代，那里的赌注要大得多。

团队建设就如同一个体育组织，要让一个有获胜把握的团队去参与竞争。你不应该盲目地将一些人随便安在某个岗位上，然后对他说："这是你的工作，无论如何，一定要取得好成绩。"

这样一来，一些能力欠缺的人是注定不会取得满意成绩的，在专业体育比赛中不能这样做，在公司和其他组织中同样也不能这样做。在体育比赛中，如果他们不会赢，在公司中，他们也不可能去努力竞争。

如何招聘最优秀的员工为你工作，是一个企业预防短板出现的最重要手段。微软公司就是这方面的典范，那么它又是如何发现和选聘杰出员工的呢？

负责招聘者每年要访问130多所大学。申请者在汇集到西雅图郊外的公司总部前，可能已在校园内接受了多次考察。到总部后，他们要花1天时间与公司中从各部门来的至少4位考官进行面谈。面谈的问题侧重于应聘者的创造力与解决问题的能力，而不是具体的程序编制知识。

就是通过这种严格的选人方式，微软公司才得以保证其团队工作的高效性，保证了其在计算机软件领域的主导地位。

# 动态平衡，自动修复

不可否认，在传统的组织构架下，各个部门之间设置了明确的职责甚至森严的壁垒，就像一个桶的各个木板之间一样，无法互相代替和支持，当然，其中任何一个部门效率和能力上的欠缺，都会成为制约公司发展的瓶颈因素。

那么，如果这种结构没有错，你真的要好好想想如何利用木桶理论，时刻关注企业的各个环节，尽快发展对公司业务制约最大的"短木板"，并且补足，从而使得整体的力量充分发挥出来。

但是，你的企业为什么一定要是木桶呢？如果它是一个自动平衡和自动修复的"容器"，每一个缺口和短板都可以尽快通过自我修复和自我组织得到弥补，那么就不存在所谓的"短板"，公司的自我平衡能力会始终保持各个木板之间的平衡。

当然，这很不容易，就像公司要有核心竞争力一样，公司中的每个人都会由于教育背景、经验、个性等特征有自己最擅长的事情，不可能在公司内做到完全的自由流动。不过完全的流动虽然做不到，其实也不必要，公司只要具有了适当的柔性，就可以把那些可能出现的短板尽快找到并补齐。

# 用人之长，避人之短

　　一位优秀的企业领导，假如把每个下属所擅长的方面有机地组织起来，就会给企业的发展带来整体效应。因此，有效地调动每个下属的长处，是一位合格的企业领导的责任。换句话说，高明的领导者应趋利避害，用人之长，避人之短。如此一来，则人人可用，企业兴旺，无往而不利！

　　一个工程师在新产品开发上也许会卓有成效，但他并不一定适合当一名推销员；反之，一个成功的推销员在产品促销上可能会很有一套，但他对于开发新产品却一筹莫展。如果老板在决定雇佣一个人之前，能详细地了解此人的专长，并确认这一专长确实是公司所需的话，就应该对他的缺点有所包容。

　　选拔人才的最佳标准是德才兼备，但是事情往往与自己的愿望相违背，那么当我们退而求其次使用有缺陷的人才时，应该注意些什么？

有缺陷的可用之才大体可分为两种：一种是才能不足的人，另一种是德行不足的人。对不同类型的人，有不同的使用方法。

对于才能不足的人才，要对他们授以谨慎处事的秘诀，让他们在日常的人际交往中正视自己的不足，注意虚心学习，同时也可以避免因逞强好胜而引起的是是非非。

对于德行不足的人，则应该顺势引导。一般来说，人的本性是见利不能不求，见害不能不避。趋利避害是人的本性。商人做买卖日夜兼程不远千里，为的是追求利益；渔民下海，不怕海深万丈，敢于逆流冒险搏斗，几天几夜不返航，因为利在海中。因此对许多人，只要有利可图，虽然山高万丈也要攀登，水深无底也要潜入。所以，对于德行不足的人，也并非一概不用。

人都有优点和缺点，用人贵在善于发现发挥人才所长，对其缺点的帮助教育固然必要，但与前者相比应居于次，而且帮助教育的目的，也是使其短处变为长处。如果只看短处则无一人可用，反之若只看人长处则无不可用之人。因此，在人才选拔上切不可斤斤计较人才的短处，而忽视去挖掘并有效地使用其长处。趋利避害，用人所长，这是真正的用人之道！

## Part 7

# 抓短和护短

　　人人都有弱点，只要找出来，并在上面施加一定的影响，就能轻而易举地打败他们。对于敌人来说，我们应该找出每个人的命门，打蛇打七寸；对于自己来说，我们应该避免把最薄弱的地方暴露给对手。

# 打蛇打七寸

人人都有弱点，只要找出来，并在上面施加一定的影响，就能轻而易举地打败他们。有些人公开展现自己的弱点，有些人则加以伪装。对付那些会掩饰自己弱点的人，一旦找对了可突破的命门，他们就会垮得一塌糊涂。

因此，一份好的战略计划应该有很大的一部分是关于竞争对手的。它必须仔细分析市场中的每一个主要参与者，列出竞争中的弱者与强者，同时制定出行动计划，去剥削弱者，抵御强者。更为理想的情况是应该包含一份竞争对手的人员名单，包括他们惯用的战略及运作风格，就像第二次世界大战时德军拥有盟军将领的名单一样。

不管是公司还是个人，要想取得成功，就必须找出竞争对手的弱点，并针对那些弱点发起攻势。人们常说的打蛇打七寸，正是这个道理。

任何行业或领域的参与者都会在市场中扮演四种不同

的角色：市场领导者、市场挑战者、市场追随者和市场补缺者。

市场领导者在相应市场中占有最大的市场份额，在价格影响力、新产品和新技术开发、分销网络覆盖和促进力度等方面处于领导地位。

市场挑战者必然是处于市场第二位和第三位的公司。市场挑战者要想进一步发展，就要采取进攻策略，瞄准市场领导者并发动进攻，以扩大自己的市场份额。而进攻的前提就是首先要明确战略目标和竞争对手，也就是说要明确谁是市场领导者，抓住市场领导者的薄弱环节进行攻击。

赫兹公司（Hertz）是全美最大的出租车公司，拥有覆盖广泛的租车网点、丰富的车型储备、一流的服务人员和服务品质——这些都是它的强势，处于第二位的阿维斯（Avis）则瞄准其弱势——等候的队伍很长，于是，阿维斯在广告中说："从阿维斯租车吧，我们的队伍更短。"

以后很长的一段时间内，在阿维斯租车公司的广告进攻下，赫兹公司的市场份额不断被蚕食。

# 找出每个人的命门

在人的一生中，你的目标在某种程度上是能够控制未来事件的发展的，而你面对的难题是，人们不会告诉你他们全部的想法、情绪与计划。他们说得很节制，总是隐藏了个性中最关键的部分——他们的弱点和秘密，结果使你无法预测他们的行动，经常陷入迷雾之中。

诀窍在于通过各种途径探测他们，发现他们的秘密和隐藏的意图，而不要让他们知晓你心里的盘算。那么如何寻找这些弱点和秘密呢？关键应该注意以下几个问题：

## ——注意人们的各种姿态和无意识的信号

就像弗洛伊德指出的："没有人可以守得住秘密。如果他闭上嘴不说话，也会用指尖喋喋不休地表达出来，每一个毛孔都会显露出违背其意志的信息。"在寻找别人的弱点时，一个重大的关键点在于——弱点会以看似无关紧要的姿态以及随口而出的话语中表现出来。

关键不在于你观察到什么，还包括当时的场合以及如何观察的问题。日常的对话能提供最丰富的矿藏，让你能挖掘出他人的弱点。要训练自己明察秋毫的能力，装出对对方颇有兴趣的样子，表现出一副洗耳恭听的同情姿态会鼓励他人开口倾诉自己的心事。

19世纪法国政治家塔里兰惯用的策略，就是对别人表现出开诚布公的态度，与他们分享秘密。秘密可以完全捏造，也可以是真实的，但都无关紧要，重要的是必须看起来发自肺腑。这样一来通常能引诱对方和你一样坦白，做出真诚的回应——能够显露出弱点的回应。

如果你希望了解某人的弱点，就可以间接迂回地去探触。譬如，你意识到某人有被爱的需求，就对他进行公开的奉承，如果他对你的赞美流露出饥渴，就说明你看准了。

要经常训练眼睛注意生活中的一些细节：一个人如何给小费，什么事让他开心，还有衣着所隐藏着的信息。找出他们的偶像，以及他们崇拜且不计一切要得到的东西，或许你可以给他们提供满足。记住：由于人们都在拼命地隐藏缺点，所以你很难从有意识的行为中找出蛛丝马迹来；而由意识控制外的小事表露出来的信息，才是我们所需要的情报。

## ——发现童年

可以发现，绝大多数人的弱点皆来源于童年，或许这个孩子会在特定领域得到娇宠，然后沉溺其中，也或许以某种情绪需求来得到满足。但等到他们长大了，会将其沉溺或不足埋藏起来，但是永远不会消失。了解童年的需求能给你一把有力的钥匙，找出对方的弱点。

## ——寻找真实

公开的特征中往往隐藏着相反的特性，例如：拍胸脯的好汉经常是胆小鬼；正经八百的外表可能隐藏着淫荡的灵魂；神经质的人往往追求冒险；羞怯的人渴望引起别人注意。超越表象，深层探测，你就会发现一个人的弱点正是他向你显露的优点的反面。

## ——找出脆弱的环节

有时候在寻找弱点时，重点是找出关键的人物。在古代宫廷政治里，往往有一名幕后角色，掌握着非常大的权力，他对台面上掌权的人具有非凡的影响力。

这些隐藏在身后的掌权者就是团体脆弱的一环：赢得他们的宠爱，你就可以间接影响国王。另一种情况是，即使在人人齐心的团体中，当团体遇到攻击时，在这坚固的锁链中，也必定存在着脆弱的一环，你所要做的就是找出会在压力下屈服的那个人。

## ——填补空虚

需要填补的两种主要情感空虚是缺乏安全感和不快乐。缺乏安全感的人会紧紧握住任何形式的社会承认不放；至于不快乐的人，你要寻找他们不快乐的根源。缺乏安全感及不快乐的人，最没有能力掩饰弱点。

## ——利用无法控制的情绪

无法控制的情绪可以是妄想的恐惧和任何卑劣的动机，例如色欲、贪婪、虚荣或仇恨。受到这些情绪支配的人往往无法控制自己，而可以任由别人来控制他们。

利用别人的弱点来征服他人也是十分危险的：你可能激发出自己无法控制的行动。在人生游戏中，你永远得看远几步，再根据自己的视野来谋划。许多人受情绪的支配，缺乏先见之明，一旦攻击他人不设防的地带，进入他们无法控制的领域时，就可能会释放出强大的破坏力量。因此，逼迫怯懦的人采取大胆行动，可能会使他们走得太远，超过你想要的。

## 保护好"阿喀琉斯之踵"

阿喀琉斯是希腊神话中最伟大的英雄之一。他的母亲是一位女神，在他降生之初，女神为了使他长生不死，将他浸入冥河洗礼。阿喀琉斯从此刀枪不入、百毒不侵。只有一点除外——他的脚踵，由于被提在女神手里，未能浸入冥河，于是"阿喀琉斯之踵"就成了这位英雄的唯一弱点。

在漫长的特洛伊战争中，阿喀琉斯一直是希腊人最勇敢的将领。他所向披靡，任何敌人见了他都会望风而逃。但是，再强大的英雄也有弱点。在十年战争快结束时，敌方的将领帕里斯在众神的示意下，抓住了阿喀琉斯的弱点，一箭射中他的脚踵，阿喀琉斯最终不治而亡。

对于一个组织或者团队来说，有合作就会有竞争，而在激烈的竞争中，自身薄弱的部分最有可能被对手发现，从而导致在竞争中失利。自身或组织内部的薄弱之处就是我们的"阿喀琉斯之踵"。

不管是一个明智的个人，还是一个健康的组织，都应该避免把最薄弱的地方暴露给对手。因此，保护和加强"阿喀琉斯之踵"，是个人或组织在前进道路中不得不重视的一件事情。

# 和哈姆雷特一起装疯卖傻

公元前 219 年至前 202 年，第二次迦太基战争期间，伟大的迦太基将领汉尼拔以他的精明、诡诈闻名于世。在他的领导下，迦太基的军队虽然人数比罗马军队少，却不断以计谋取胜。

然而有一次汉尼拔犯了一个严重的错误，将大军引领到沼泽地带，背后就是大海，罗马军队又堵住了通向内陆的山隘，罗马将领法比斯欣喜若狂——他终于困住了汉尼拔！于是，他在山隘部署了最好的步哨，打算一举歼灭汉尼拔。然而到了深夜，步哨向下望时看见了神秘的景象，大排长龙的亮光往山顶行进，而且是成千上万数也数不清的亮光，好似汉尼拔的兵力陡然之间增长百倍。步哨激烈争辩这究竟是怎么回事？从海上来了援军，在这个区域隐藏的伏兵，还是鬼魂？在他们注视时，整座山到处冒出火花。然而，这项巧计成功的关键不是火把，不是火焰，也不是恐惧的声响，而是汉尼拔抛出一个谜团，抓住了步哨的注意力，令他们惊怖万分。

如果你发现在某些场合自己落入了陷阱，被逼到了角落，或是沦于守势，试试一项简单的实验，采取一项别人无法轻易解释的行动。

有效的声东击西策略是，表面上支持一项其实是违背个人情操的主张，大部分人会相信你经历了内心重大的转折。同样的道理适用于伪装的标的物：表面上追求你其实完全不感兴趣的事物会让你的敌人摸不着头绪，然后在算计中犯下各种错误。

选择简单的战略，但是执行的方式要令对手不安。你的行事可以有许多种不同的诠释，让别人摸不清意图，然而不要只是令人捉摸不定，要像汉尼拔，创造出无法解读的景象，让你的疯狂行动几乎是无迹可寻、毫无道理、没有单一的解释。如果你做得正确，将会激起对手的恐惧，最后甚至会放弃坚持，这叫作"哈姆雷特装疯卖傻"策略。

运用这套策略要讲求方法，不要闭紧嘴巴隐藏你的意图，这样会显得鬼鬼祟祟，让人心生怀疑；相反地，你要不断去谈论你的渴望和目标——当然不是真正的目标，如此一来不但显得友善、开放、信任别人，也隐瞒了意图，会让对手疲于奔命，徒劳无功。

在莎士比亚的剧本里，哈姆雷特运用这套策略达到极好的效果，他借助神秘兮兮的行为举止，恐吓了继父克劳迪斯。神秘使得你的权势看起来更庞大，你的力量也会更令人害怕。

如果你的社会地位让你无法为自己的行为笼罩上一层密不透风的神秘外衣，至少也得学会让自己不要那么清澈见底。你得不时露一手，行为方式不要吻合其他人对你的认知。这么一来你就迫使周围的人采取防卫姿态，引起他们的关注，自己的弱点和错误也就能很容易地隐藏起来。

## Part 8

# 反木桶定律

精力、金钱和时间，应该用于使一个优秀的人变成一个卓越的明星，而不是用于使无能的做事者变成普通的做事者。人们不应该把努力浪费在改善低能力的人或技能这一方面，而是应该使那些表现一流的人或技能变得更加卓越。

# 木桶定律"失灵"

作为全球最大的管理咨询公司，麦肯锡曾经为一家中国电子企业把脉诊断，提供咨询业务。经过诊断，麦肯锡发现其主要问题在各自分散的销售分公司上，于是建议该公司将其优化组合成一家或少数几家销售公司。然而，在该方案实施不久，该电子企业的销售情况不但没有好转，反而持续恶化。双方的合作最终以失败结束。

就其理论而言，麦肯锡的建议毫无疑问是正确的，做法也是符合情理的，然而其结果却是这家电子公司最终不得不与麦肯锡公司终止合作，并且赔上了至少3000万人民币的代价。

现实生活中，我们常常会发现这样的现象：许多企业存在着这样或那样的明显问题，比如服务不规范、产品有缺陷、关键技术人员不足、老板素质低下，等等，可是这些企业仍能以比较快的速度向前发展，许多企业甚至还发展得很快。

麦肯锡错在哪里？为什么短板加长之后仍然达不到预期的效果？为什么"木桶定律"会在这里失去说服力？难道"木桶定律"存在着"失灵"的现象吗？

只要仔细分析，我们就会发现，当企业产品因成本过高而定价太高时，一些专家们会建议企业采用供应链管理（SCM），来压缩营运成本；当企业产品的品质不够理想时，专家们会要求企业采用全面质量管理（TQM）；当企业的销售渠道不畅通，顾客抱怨企业对他们关心不够时，营销专家们会建议企业采用客户关系管理（CRM）和企业业务流程重组（BPR）……

针对这些不足，许多人，特别是许多国际咨询公司在对企业进行咨询诊断时，面对企业的"短板"，他们会盲目地把短板加长、加宽。企业如果不愿意这样做，一些专家们还会恐吓企业，如果不把这块营销木桶上最短的木板给补上，会影响整个营销木桶的盛水量。

然而，补短的结果确实使短板变成了"长板"，问题却依然如故，甚至更加严重。麦肯锡兵败的主要原因也是就事论事，将所谓的短板盲目加长。

当然，一个企业如果具备了西门子的品质、戴尔的便捷、格兰仕的超低价、星巴克的体验，这个企业肯定是世界上最优秀的企业。然而，这如同要求一位女人要具备全世界所有漂亮女人的所有优点一样，虽向往之，但实不能至。事实上，一个企业所拥有的资源总是有限的，所以不能要求企业在各个方面都有所长。一个企业只要在产品品质、价格、方便性、增值服务和客户体验等五个属性中选择一个或几个作为突破口，在这几个属性中培养起核心竞争力，其他几个属性只要达到行业一般的水平就已具备了足够的竞争力。

在进行资源配置的时候，如果你把大部分的资源投入到最短的那块木板上，也就是说投入到劣势业务项目上，那么投入到优势和发展业务项目上的资源就相对较小。而优势和发展业务项目其实都是比较稳定的业务（投入与产出成正比），投入降低就会影响到产出，这样就违反了效益原则。

再按照效率的原则来讨论。劣势业务之所以是劣势业务，就是因为它是最消耗资源且产出最小的业务，而且是最不容易提高业绩的业务，用二八法则评定，它是投入80％的资源而只产出20％成果的业务，因此它就是没有效率的业务。

# 发现自己的优势

每一个人都有自身的优势。这些优势有些是外在的，有些则是潜在的。也有一些人，自身的优势并不通过渴望而呈现，虽然它就在你的身上，但你并没有意识到优势的存在。相反，在你以后的人生道路上，因为某个原因或者某件事情会将它突然唤醒，你才发现，原来，这才是你经营人生的最好凭借。

弗雷德里克是美国一家公司的普通职员，每天除了上班之外便无所事事，直到有一天，他到英国旅行，却意外地发现了成就其一生的事业——公园建筑。他说当他看到"无数的树篱，满山遍野的山楂，和煦的阳光透过水汽倾泻下来，似幻似真，那种感觉美妙极了"。他回到美国后，根据记忆把那里的景色描绘下来，经过反复斟酌和修改，他参加了全美有史以来参与者最广泛的园林设计大赛，并且最终获得了一等奖。现在，美国纽约的中央公园就是按照弗雷德里克的设计修建的。

如今的弗雷德里克已经不再是普通职员了，他偶然间发现了自己更好的生存优势并依靠这个优势成了世界著名的园林建筑师。

亨利·马蒂斯与毕加索是同时代人。但与自幼就是神童的毕加索不同，马蒂斯并未对绘画产生过任何渴望。事实上，他长到21岁，从未拿过画笔。他原本是一名律师的文书，而且大部分时间疾病缠身，萎靡不振。

一天下午，他在又一次重感冒后躺在床上休养，他的母亲为了给他找些事以便打发无聊的时光，随手递给他一盒颜料和一叠白纸。然而，就连亨利·马蒂斯自己也没有料到，就在这一刻，他的人生旅程发生了巨变。面对五颜六色的颜料，他的思维就像野马驰骋在辽阔的草原，感到体内涌出一股巨大的能量，就像刚从黑牢中放出，遇到刺眼的阳光。

马蒂斯信手在白纸上画了起来，他看着自己的作品怡然自乐。从此，他迷上了绘画，如饥似渴地研读一本本绘画手册，日复一日地画个不停。四年以后，他完全依靠自学而考取了巴黎一所最负盛名的美术学院，拜在大师古斯塔夫·莫罗的门下。

日常生活中，你可能也有相似的经历。你开始学一门新技能——因为你有了一份新工作，遇到了一次新挑战，或来到了一个新环境——突然间你的大脑一片豁亮，仿佛整排的开关骤然开启。你所学的技能沿着新开启的思维飞驰，你的动作很快就摆脱了新手身上常见的僵直和生硬，而像大师一样行云流水。你把周围的人甩在后面，马不停蹄地往前赶。

毫无疑问，并不是每一个人都经历过这种人生为之改变的顿悟时刻，但是无论什么技能，无论是销售、演示、建筑制图、对一名员工进行职业发展反馈、准备法律文书、起草商业计划，还是清扫酒店客房、编辑报纸文章或安排嘉宾参加早间电视节目，如果你学得特别快，就应当深入考察。

　　如此，你就能识别到藏在背后的潜在优势，而这种优势你先前并没有察觉到，在做一种创意性的工作时，如果你感觉良好，你就很可能在使用一个你还没有发掘到的更好的生存优势。

　　这似乎非常简单，就像一句谚语说的："如果感觉好，就行动。"在日常工作生活中，我们都有这样的体会：让一个人从事所擅长的工作，他往往会做得得心应手，信心十足；而让他做自己不擅长的工作，往往会让他焦头烂额，信心全无。

　　其实这很好理解，一个人或一个企业的优势总是有限的，这个人或企业要获得成就，必须要将自身的优势发挥到最大化，也就是说，要将好钢用在刀刃上。

# 放大自己的优点

面对生活的重压，个人的生存需要强化优势，只有清楚地知道自己赖以生存的优势，并努力把这种优势发挥到极致，才能够坦然接受人生的挑战。

一个穷困潦倒的青年，流浪到巴黎，期望父亲的朋友能帮助自己找一份谋生的工作。

父亲的朋友问："数学精通吗？"青年羞涩地摇头。

"历史地理怎么样？"青年还是不好意思的摇头。

"那法律呢？"青年窘困地垂下头。

"会计怎么样？"父亲的朋友接连地发问，青年都只能摇头告诉对方——自己似乎从来就一无长处，连丝毫的优点也找不到。

"那你先把自己的住址写下来，我总得帮你找一份事做。"青年羞涩地写下自己的住址，急忙转身要走，却被父亲的朋友一把拉住了："年轻人，你的名字写得很漂亮嘛，这就是你的优点啊，你不该只能满足找一份糊口的工作。"

把名字写好也算一个优点？青年在对方眼里看到了肯定的答案。哦，我能把名字写得叫人称赞，那我就能把字写漂亮，能把字写漂亮，我就能把文章写得好看……受到鼓励的青年，一点点地放大着自己的优点，兴奋得脚步立刻轻松起来。

数年后，青年果然写出享誉世界的经典作品。他就是家喻户晓的法国18世纪著名作家大仲马。

世间有许多平凡之辈，都拥有一些诸如"能把名字写好"这类小小的优点，但由于自卑等原因常常被忽略了，更不要说是一点点地放大了，这实在是人生的遗憾。须知：每个平淡无奇的生命中，都蕴藏着一座丰富的金矿，只要肯挖掘，哪怕仅仅是微乎其微的一丝优点的暗示，沿着它也会挖出令自己都惊讶不已的宝藏……

道理是再简单不过了——许多成功，都源于找到了自身的优点，并努力地将其放大，放大成超越自己和他人的明显优势。微软公司总裁比尔·盖茨是世界上最早发现自己的长处，并果断地经营自己长处的人，他成为世界首富不足为奇。

人生的诀窍就是经营自己的长处，在人生的坐标系里，一个人如果站错了位置——用他的短处而不是长处来谋生的话，那是非常可怕的，他可能会在永远的卑微和失意中沉沦。

# 从优秀到卓越

彼得·杜拉克曾在《哈佛商业评论》撰文指出："精力、金钱和时间，应该用于使一个优秀的人变成一个卓越的明星，而不是用于使无能的做事者变成普通的做事者。"这是一个与木桶定律相悖的忠告，我们称之为"杜拉克原则"。

彼得·杜拉克认为，人们不应该把努力浪费在改善低能力的人或技能这一方面，而是应该使那些表现一流的人或技能变得更加卓越。

尽管我们还不能确切地知道，把一个优秀的人变成一个卓越的人，比把一个无能的人变成一个普通的人，究竟能节省多少精力、金钱和时间，但是，杜拉克的观点效果还是显而易见的。

杜拉克告诫说，坏习惯必须改掉，因为它妨碍你取得成就。但对你在某一方面的缺点和不足，却并不一定要花大力气把它提高到普通水平。因为，这样做的话，改善的很可能不是你某一方面的能力，而是使你失去自我！

木桶定律着眼于人的不足、缺点，而且认为人们的不足、缺点都是不好的，因而人们应该千方百计地弥补不足、改正缺点。杜拉克原则关注的是人的长处，组织或个人应该千方百计地创造条件，把精力、金钱和时间都用在发挥人的优点上，而让人的缺点不要干扰优点的发挥。那么，什么是优点和长板子呢？

长板子和优点就是人们各项能力中相对突出的能力，即核心竞争力，是我们赖以生存和发展的关键性能力。

一只木桶，只要有长板子就可以补短板子，人们应该在核心竞争力足够强的时候再花大力气弥补不足。因此，对于个人来说，不要盲目地补短板子，在补短板子之前要审视一下自己的基础竞争力如何，有没有核心竞争力，在想装更多的水的时候，先想一想凭什么能装更多的水。

如果过分强调各方面能力的均衡发展反而不利于自身的生存，甚至制约发展，因为我们是用"扬长避短"来谋生和发展的，而不是用己之短。这与中小企业适合使用"重点集中"战略有异曲同工之妙，只不过"重点集中"是企业的竞争战略，而修炼长板子则是个人安身立命之根本罢了。

修炼长板子的方法也很简单：先给自己做一个 SWOT 分析，即优势、劣势、机会、威胁分析，然后针对面临的机会和威胁不断地去强化自身的优势。最好是这些长板子能达到内外竞争的领先地位，在竞争中奠定优势，这样才能腾出手来补短板。

个人是这样，对于企业来说也是这样。一些企业管理者时常将"木桶定律"挂在嘴边，"我们要补上技术的短板"，或是"我们要弥补服务的短板"等等，因为大家都认为：一个企业要想形成自己的综合竞争优势，必须补齐最短的那块木板，做到共同进步。

但许多企业都是中小企业，目前遇到的最大问题仍然是生存发展问题，需要将有限的资源放在最优势的领域，在前进中解决问题，弥补"短板"。大家将更多的精力用在"补短"上，自然而然地，就会减少在"补短"的另一面——发挥优势上花费精力，最终可能导致自己的"短板"并没有变长多少，而以前的优势却丧失殆尽。这样的例子在我们身边时常发生，值得警惕。